Die Reihe »Spirituelle Wege« präsentiert essentielle Texte aus verschiedenen Zeiten, Kulturen und Religionen. Alle Titel verbindet eine gemeinsame Botschaft: Der Grund unseres Universums ist eine umfassende liebende Kraft, die unser Begriffsvermögen übersteigt und der wir uns daher nur durch partielle spirituelle und geistige Erkenntnisse nähern können.

Die vorliegenden Weisheitsbücher entstammen folgenden Kulturen und Religionen: Konfuzianismus, Hinduismus, Buddhismus, Christentum, Judentum und Islam. Als Klassiker der Spiritualität sprechen die Bände dieser Reihe unseren Geist, unsere Seele und unseren Körper an. Gerade wenn wir uns im Grenzbereich zwischen Körper und Geist bewegen, stellen wir fest, daß Materie und Geist keine Gegensätze sind, sondern verschiedene Ausdrucksebenen *einer* Kraft.

Mit dieser Pocketreihe wünschen wir Ihnen gute Reise auf *Ihrem Weg*.

SPIRITUELLE WEGE

Herausgegeben
von Gerhard Riemann

J. Donald Walters

GEHEIMNISSE DES LEBENS

Aus dem Amerikanischen
von Franchita Cattani

Knaur

Dieses Buch wurde auf chlor- und säurefreiem Papier gedruckt.

Deutsche Erstausgabe Januar 1996

Titel der amerikanischen Originalausgabe »Secrets of Life«

Originalverlag Warner Books, New York
Umschlaggestaltung Graupner & Partner, München
Umschlagabbildung Wilfried Becker, München
Satz DTP br
Druck Himmer, Augsburg
Bindung AIB, Augsburg
Printed in Germany
ISBN 3-426-86105-4

2 4 5 3 1

Das
Leben ist die Suche
nach Freude.

J. Donald Walters

Inhalt

Einleitung

Man kann Menschen auf zweierlei Art betrachten: von außen und von innen.

Die äußere Sichtweise ist erstaunlich komplex und verwirrend – sie führt zur Untersuchung von Gegensätzen und Unterschieden, von zahllosen Beziehungen und Verhältnissen. Sie betrachtet »Fingerabdrücke«. Denn ebenso, wie ein Fingerabdruck einmalig ist, unterscheidet sich jedes Lebewesen in unzähligen Punkten von allen anderen. Eine besondere Erbanlage, Erziehung, Umgebung, Persönlichkeit, besondere Interessen und unzählige andere Faktoren drücken jedem den Stempel der Einmaligkeit auf. Wenn man Menschen von außen betrachtet, kommt es einem beinahe unglaublich vor, daß sie überhaupt miteinander kommunizieren können!

Mein eigener Fall ist wahrscheinlich ein extremes Beispiel. Meine Eltern wurden in Oklahoma geboren, und mein Vater war als Ölgeologe in Rumänien tätig, als ich geboren wurde. Dort wuchs ich in vielerlei Hinsicht völlig abgeschnitten von dem auf, was wir als das Amerika des 20. Jahrhunderts bezeichnen. Mit neun Jahren wurde ich in die Schweiz und später nach England zur Schule geschickt. Als der zweite Weltkrieg ausbrach, machten wir gerade Ferien in Amerika, und so blieben wir dort.

Im Jahre 1976 schrieb ich eine Autobiographie unter dem Titel *Der Weg*. Bevor ich mich ans Schreiben machte, fragte ich mich, ob mein Leben nicht zu verschieden von dem anderer gewesen sei, so daß niemand sich darin wiedererkennen würde. Und weil ich wollte, daß mein Buch anderen etwas bringen und nicht einfach ein persönlicher Bericht sein sollte, erwog ich jede Begebenheit meines Lebens als ein Ereignis, das nicht nur mir zugestoßen war, sondern das ich als Vertreter der Menschheit erlebt hatte. Ich versuchte aufzuzeigen, wie meine Erfahrungen mich auf eine Art und Weise geprägt hatten, die ich mit jedem teilen konnte. Ich freue mich sehr darüber, daß ich über die Jahre hinweg viele Hunderte von Briefen bekommen habe, in denen mir die Leute schreiben: »Ihr Buch war die Geschichte *meines* Lebens.«

Denn es gibt eine zweite Sicht des menschlichen Lebens und Wesens: die innere Sicht.

Auf eine gewisse Weise *ist* jeder von uns eine Insel, ungeachtet des Gedichtes von John Donne, in dem es heißt: »Niemand ist eine Insel.« In einem anderen Sinn hingegen sind wir alle eins. Wenn es auch aussieht, als seien Inseln getrennt, und wenn sie auch manchmal weit auseinanderliegen, so ragen sie doch alle aus demselben Planeten Erde hervor.

Nehmen wir einmal an, daß ein Amerikaner aus Oklahoma Fleisch und Kartoffeln mag, ein Italiener gerne Polenta oder Spaghetti und ein Inder lieber Curry ißt. Aber alle brauchen täglich Nahrung.

Es gibt Gegebenheiten, die für uns alle dieselben sind, ungeachtet unserer Nationalität, Sprache oder persönlichen Vorlieben. Genau wie Essen brauchen wir auch emotionelle Nahrung in Form von Liebe, Güte, Anerkennung und Unterstützung von anderen. Wir möchten unsere Umgebung und unsere Beziehung zu ihr verstehen. Wir müssen bestimmte innere Bedürfnisse stillen: Das Bedürfnis nach Glück, Seelenfrieden und Weisheit.

Eine solche gemeinsame Gegebenheit ist unser Ego. Für jeden beginnt die Wirklichkeit bei ihm selbst. Wahrscheinlich wird die Wissenschaft das Zentrum des Universums nie bestimmen können, aber was uns betrifft, sind *wir*, ist jeder einzelne von uns, das Zentrum des Universums.

Dennoch wissen wir , daß es außerhalb von uns eine weite Wirklichkeit gibt, die es zu erforschen und wenn möglich zu verstehen gilt. Manche versuchen, mit ihr eins zu werden. Wir wollen wissen, in welcher Beziehung unser kleines Ego zu dieser riesigen Weite um uns steht. Wir wollen wissen, wie unsere Wirklichkeit zur Wirklichkeit anderer paßt, wie unser Ego mit anderen Egos in Beziehung tritt. Ein reifer Mensch ist fähig, eine Beziehung zu anderen Wirklichkeiten als nur der eigenen aufzunehmen. Je umfassender die Sicht eines Menschen, desto größer seine Reife und Weisheit.

Manche suchen allerdings auch Schutz vor dem, was sie in dieser riesigen Weite nicht nur des Universums, sondern auch der Vielfältigkeit menschlicher Sitten, Haltungen, Wünsche und Ideen, kurz, der Wirklichkeiten anderer, als Bedrohung empfinden.

Wenn wir uns bemühen, von unserem Ego aus eine breitere Wirklichkeit anzustreben, dann dehnen wir unser Bewußtsein und Selbst aus. Wenn wir statt dessen versuchen, uns im Schutz gegen unsere Umgebung oder andere Menschen zu verschließen, schrumpfen Bewußtsein und Selbst.

Es ist einfach so, daß wir uns desto glücklicher und erfüllter fühlen, je weiter unser Bewußtsein ist. Je eingeengter hingegen unsere Sichtweise ist, desto unglücklicher, frustrierter oder bitterer werden wir. Das läßt sich durch die Tatsache erklären, daß wir alle Teil einer universalen Wirklichkeit sind und *dazu gehören*, obwohl wir mit einem Ego zur Welt kommen. Erfüllung finden wir in dem Maß, in dem wir unsere Teilhabe annehmen. Und wir verstoßen gegen unser eigenes innerstes Wesen, wenn wir uns von dieser Wirklichkeit abschneiden.

Ich habe dieses Buch auf der Grundlage dieser einfachen Gedanken geschrieben. Die Wahrheit ist *einfach*. Das Ego kompliziert sie gerne, um seinen Stolz auf seine eigene Intelligenz zu füttern. Meine eigene Lebenserfahrung hat mir gezeigt, daß jemand einen Gedanken noch nicht ganz verstanden hat, wenn er ihn nicht so vereinfachen kann, daß andere zustimmend: »Ja klar!« rufen, wenn er ihnen vorgetragen wird.

Ich schlage vor, daß du jeweils einen Gedanken aus den nun folgenden Seiten liest. Halte ihn dir tagsüber immer wieder vor Augen. Wiederhole ihn laut oder still bei dir und laß ihn in dein Unterbewußtsein sinken. Suche ihn kreativ auf Situationen in deinem Leben anzuwenden.

Ich habe in diesen Grundgedanken versucht, *dich* zum Mitschöpfer dieses Buches zu machen. Ich habe mir alle Mühe gegeben, dir das Denken nicht abzunehmen, sondern die Aussagen so zu formulieren, daß sie den Gedanken bei dir auslösen: »Ach, *das* ist es, *das* bedeutet diese Erfahrung in meinem Leben!«

Glück

Glück ist Freude an einfachen Dingen.

Glück heißt, deine Arbeit als ein Dienen zu sehen.

Glück ist ein tröstendes Lächeln für Bekümmerte.

Glück ist Offenheit einem Unbekannten gegenüber.

Glück heißt, das zu akzeptieren, was andere für ihre Wirklichkeit halten, sie so zu nehmen, wie sie sind, und nicht zu versuchen, sie in eine Form zu pressen, die du dir für sie zurechtgelegt hast.

Glück heißt, das Glück anderer in dein eigenes einzuschließen.

Glück heißt verstehen, daß Freundschaft wertvoller ist als irgendwelche Dinge, wertvoller als deinen Willen durchsetzen, wertvoller als recht haben, wenn es nicht gerade um wirkliche Grundprinzipien geht.

Glück heißt, alles, was geschieht, in einer Haltung der Ruhe und inneren Freiheit anzunehmen.

Glück heißt Liebe finden, indem man Liebe gibt, und nicht, indem man sie bekommt.

Glück ist ein reines Herz, das weder Böswilligkeit noch Selbstsucht kennt.

Glück ist die Entscheidung, stets glücklich zu *sein*, anstatt darauf zu warten, daß äußere Umstände dich glücklich machen.

Glück ist Gleichmut in allen widrigen Umständen des Lebens.

Glück heißt, *im* Augenblick, aber nicht *für* ihn: im ewigen Jetzt zu leben.

Glück heißt, das eigene Hängen an den Dingen aufzugeben, in der Erkenntnis, daß nichts und niemand uns wirklich gehört, da alles Gott gehört.

Glück ist Ehrfurcht allem Leben gegenüber.

Glück ist Treue zu den Unseren und ein schrittweises Ausdehnen dieser Treue, bis alle Wesen als »die Unseren« begriffen werden.

Glück ist ein demütiges Herz, das frei von Anmaßung ist, im Bewußtsein, daß nichts, was der Mensch tut, von ewiger Bedeutung ist.

Glück heißt Gott überall und in allem ehren.

Glück heißt, *mit* anderen – nicht *über* sie – zu lachen.

Glück ist Güte; Glück heißt, andere als Erweiterung deiner selbst zu sehen.

Glück entsteht, wenn du freudig und gerne tust, was gerade ansteht.

Glück ist der Wunsch zu lernen, anstatt zu belehren.

Glück ist die Fähigkeit, dich fröhlich zu deiner eigenen Unwichtigkeit zu beglückwünschen, während andere um Rang und Namen wetteifern.

Glück ist verstehen, daß Lieben die erste Pflicht des Menschen ist.

Glück heißt auch mit dem Herzen und den Augen lächeln, nicht nur mit dem Mund.

Glück heißt stets versuchen, anderen zu helfen, statt ihre Hilfe zu erwarten.

Glück heißt, das Selbstvertrauen anderer – und das Vertrauen in ihr eigenes unermeßliches Potential – zu stärken.

Glück heißt, für die Schmerzen dankbar sein, die du erleidest, denn durch sie erlangst du Verständnis und Weisheit.

Glück heißt, alle »Ich«- und »Mein«-Gefühle aufzugeben.

Glück ist ein Herz, das sich öffnet, um die ganze Menschheit als Brüder und Schwestern zu umfangen.

Glück ist Liebe.

Liebe

Die Liebe ist eine Mischung aus Ungezwungenheit und Entgegenkommen. Entgegenkommen ist nicht Diplomatie, sondern ein Zeichen von Rücksicht und Empfindsamkeit. Entgegenkommen zwischen zwei Menschen, die einander lieben, erneuert unablässig wie ein sanfter Wasserfall den Bergsee ihrer Liebe.

Achtet einander. Denn wenn sich auch Gefühle ändern, kann Achtung doch beständig bleiben. Hör deinem Partner mit Achtung zu, auch wenn er eine andere Meinung vertritt als du. Achtet darauf, daß eine gewisse Würde eurer Beziehung erhalten bleibt, eine Würde, die dem andern die Freiheit zugesteht, er selbst zu sein.

Stellt keine gegenseitigen Anforderungen. Wenn Liebe nicht einfach verschenkt wird, bindet sie.

Tut täglich etwas, um den geliebten Menschen zu beglücken – vielleicht durch einen kleinen Dienst, ein kleines Geschenk, ein anerkennendes Wort oder ein besonders liebevolles Lächeln. Laßt das glückliche Geplätscher eurer Liebe nicht aus Mangel an erfrischenden Regentropfen versiegen.

Geht kreativ mit eurer Beziehung um. Pflegt sie liebevoll wie einen Garten. Pflanzt immer wieder neue Interessen und Gedanken. Seht zu, daß sie immer schöner wächst. Entfernt regelmäßig alles Unkraut, damit die Blumenbeete nicht von wuchernden Gewächsen unbewußter Gewohnheiten überdeckt werden. Damit die Liebe stets neu bleibt, muß man – wie mit einer Kunst – schöpferisch mit ihr umgehen.

Bewahrt euch euren Humor. Erhaltet euren Sinn für das Absurde. Achtet aber auch darauf, *wie* ihr einander neckt. Tut das nie, wenn es beim andern nicht ankommt. Euer Humor soll freundlich sein und niemals beißend.

Verliert die grundlegende Wirklichkeit eurer Liebe nie aus den Augen. Bedenkt, daß eure langfristige Beziehung wichtiger ist als irgendeine vorübergehende Unstimmigkeit. Spürt die längerfristigen Rhythmen eurer Liebe und fließt mit ihnen mit.

Entwickelt eine gütige Haltung. Ärger ist ein inneres Zugeständnis von Machtlosigkeit, Güte hingegen die Anerkennung innerer Stärke.

Vermeidet es, negative Gefühle zu äußern. Wartet lieber ab, bis ihr die innere Ruhe wiedergefunden habt. Wenn ihr die Fassung verliert, könnt ihr die Dinge kaum klar und deutlich erkennen, auch wenn das jeweilige Gefühl wie eine Offenbarung erscheint. Beruhigt eure tiefinnersten Gefühle. Nur mit innerer Ruhe könnt ihr die Dinge sehen, wie sie wirklich sind.

Haltet einander still bei der Hand. Mit der Zeit lernt ihr, euch telepathisch mitzuteilen.

Zeigt einander eure Anerkennung, wenn ihr sie empfindet. Nehmt es niemals als gegeben hin, daß euer geliebter Partner das ganz selbstverständlich spürt. Wenn das Gefühl auch so alt ist wie der Mensch, so sind die von Herzen kommenden Worte »Ich liebe dich« doch ewig neu und frisch, ganz gleich, wie oft du sie sagst.

Entwickelt Ehrerbietung – weniger füreinander als für die Liebe selbst, das ewige Geschenk Gottes.

Achte mehr auf den Klang deiner Stimme. Wenn du willst, daß deine Stimme andere in ihren Bann zieht, dann laß sie aus deinem Herzen aufsteigen und durch die Stirn erklingen. Achte dabei darauf, daß deine Stimmbänder entspannt sind. Dann wird es eine Freude sein, deiner Stimme zuzuhören, wenn sie Ruhe der Gefühle deines Herzens ausdrückt.

Sprich mehr mit deinen Augen, den »Fenstern der Seele«. Wenn du beim Reden deine Augen einbeziehst, dann ist es so, als seien diese Fenster mit farbenfrohen Vorhängen eingefaßt, und das Haus wirkt gemütlich und einladend.

Seht zu, daß ihr realistische Erwartungen aneinander stellt. Schließlich gehört Unvollkommenheit zum Menschsein. Konzentriert euch auf diejenigen Eigenschaften des anderen, die euch verbinden, anstatt auf solche, die euch trennen könnten.

Ergreift nicht Besitz. Bedenkt, daß keiner den anderen je wirklich besitzt. Legt den geliebten Menschen nicht an die Ketten eurer eigenen Bedürfnisse. Eine Pflanze erblüht, wenn sie ungehindert Luft und Sonne bekommt.

Versucht nicht, euren Partner so umzumodeln, daß er in eure eigenen Vorstellungen paßt. Kritik zermürbt. Nehmt an, was *ist*, dann werdet ihr beide glücklicher sein. Eine gute Regel ist die: Fördert die Stärken des anderen, aber unterstützt seine Schwächen nicht und greift sie nicht an.

Halte dich bei Mißverständnissen nicht mit Gedanken daran auf, wie sehr dein Partner dich enttäuscht hat. Frag dich lieber: »Was kann ich tun, um *mich* zu ändern, damit es nicht wieder zu solchen Mißverständnissen kommt?«

In persönlichen Angelegenheiten sollte sich keiner dem andern gegenüber als Lehrer aufspielen. Seid vielmehr dankbar für alles, was ihr von dem Menschen, den ihr liebt, lernen könnt.

Wenn ihr einen Vorschlag machen wollt, dann achtet nicht auf euer eigenes Bedürfnis, ihn loszuwerden, sondern darauf, ob der andere ihn hören will. Wartet – Monate, wenn es sein muß –, bis ihr merkt, daß er *bereit* ist, das auch aufzunehmen, was ihr zu sagen habt.

Teilt einander eure innersten Überzeugungen, Ideale und Ziele mit. Genießt gemeinsam die Stille, denn in der Stille wird die Liebe vollkommen. Liebe ist nicht Leidenschaft. Die menschliche Liebe ist die Spiegelung der göttlichen Liebe. Und Gott ist vollkommene Stille.

Liebt Gott im andern. So werdet ihr euch stets zur göttlichen Vollkommenheit hinter den menschlichen Fehlern hingezogen fühlen. Denn die Menschheit ringt trotz zahlloser Hindernisse und auf mancherlei verschlungenen Wegen um allgemeingültige und ewige Ideale.

Weitet die Liebe füreinander aus, bis sie über die menschliche Liebe hinausgeht und die ganze Menschheit, alle Lebewesen und alle Dinge als das Werk des Schöpfers umfaßt.

Macht einander Freude, aber verlangt keine Gegenleistung. Wahre Liebe fordert nicht. Je größer die Leidenschaft, desto mehr Forderungen werden gestellt, und je mehr Forderungen die Leidenschaft stellt, desto mehr dreht sich alles nur um Eigenliebe. Ihr wahres Gesicht zeigt die Liebe nicht in der Leidenschaft, sondern in Zärtlichkeit und Güte.

Übt Rücksichtnahme. Wieviel Rücksicht ihr auch auf andere nehmt, seid dem geliebten Menschen gegenüber doppelt so rücksichtsvoll.

Achtet auf die Anziehung, die ihr aufeinander ausübt. Diese Anziehungskraft ist die sanfte Macht, die euch zueinander hinzieht. Nur wenn ihr sie miteinander teilt, kann sie wachsen.

Sucht gemeinsam nach Abwechslung in eurem Leben. Laßt nicht zu, daß die Geräusche der Routine die Melodie eurer Liebe übertönen.

Sucht Möglichkeiten, wie ihr euch gemeinsam entspannen und eure Interessen und Gedanken miteinander teilen könnt. Verlaßt euch für eure Unterhaltung nicht zu stark auf äußere Anstöße. (Je lauter der Lärm, desto hohler die Trommel!) Verbringt sooft wie möglich Zeit allein miteinander, einfach, um ihr selbst sein zu können.

Lernt, euch anzupassen. Erhaltet den Fluß eurer Liebe, damit sie jedes Gefühl füllt, das euch vom Leben hingestellt wird.

Gebt dem geliebten Menschen Stärke und Trost. Seid dankbar, wenn ihr Stärke und Trost zurückbekommt, fordert sie aber nie.

Seid beständig. Schaut, daß eure Liebe unverrückbar bleibt wie ein hoher Berg und durch alle Veränderungen eures Lebens hindurch stets so unerschöpflich wie ein fruchtbarer Boden. Laßt sie die Mitte in eurem Leben sein, wie die Sonne, um die die Planeten in endlosen Zeiten und Räumen sich drehen.

Freundschaft

Wähle deine Freunde sorgfältig aus. Zieh Ehrlichkeit Lobesworten und Treue einem aufgesetzten Lächeln vor.

Sei dir bewußt, daß du zuerst ein Freund *sein* mußt, wenn du Freunde *haben* willst. Freundschaften sollten das Wichtigste in deinem Leben sein.

Verlangt nicht von andern, sondern handelt und wirkt zusammen in einem Geist der Freiheit.

Schließe das Glück anderer in dein eigenes Glück ein.

Interessiere dich mehr für das, was andere zu sagen haben, als sie dazu zu bewegen, daß sie dir zuhören.

Kümmere dich aktiv um das Wohlergehen anderer. Beschränke deine Sorge um sie nicht nur auf verbale Beteuerungen.

Hab andere gern. Kümmere dich nicht allzusehr darum, wie sehr sie dich mögen.

Zeig andern, wie sehr du sie schätzt. Geh nicht davon aus, daß deine Freunde wissen, was du für sie empfindest.

Nimm deine Freunde, wie sie sind. Versuche nicht, sie in dein eigenes Bild von ihnen zu pressen oder sie deinen Wünschen entsprechend umzumodeln.

Überfahre andere nicht mit deinen Launen, egal ob sie gerade gut sind oder schlecht. Gesteh ihnen den Raum für ihre eigenen Gefühle zu.

Stell deine Bedürfnisse hinter die Bedürfnisse anderer zurück. Suche Erfüllung in der Freundschaft selbst.

Setz Freunde nie herab, wenn sie Begeisterung zeigen.

Sei auch deinen nächsten Freunden gegenüber rücksichtsvoll. Achte das Recht anderer auf ihren eigenen Standpunkt.

Akzeptiere gutmütig und anerkennend alle Unterschiede zwischen euch.

Drücke Güte nicht nur durch deine Wortwahl, sondern auch mit den Augen und deiner Stimme aus.

Teile deine Ziele und Ideale mit deinen Freunden. Verbringt die gemeinsame Zeit nicht einfach nur mit leichter Unterhaltung.

Schenk deinen Freunden deine ganze Aufmerksamkeit, wenn du dich mit ihnen unterhältst.

Denk gut über andere, besonders bei Mißverständnissen.

Urteile nie über andere. Und wenn du merkst, daß du das doch tust, dann denk lieber an das, was dir an deinen Freunden gefällt.

Kritisiere andere nicht, aber sag ihnen aufrichtig die heilsame Wahrheit.

Freu dich am Glück deiner Freunde. Zieh keine unvorteilhaften Vergleiche zwischen ihrer Lage und der deinen.

Unterstütze deine Freunde in der Wahrheit, auch dann, wenn es bedeutet, daß du eigene Fehler zugeben mußt.

Steh deinen Freunden in ihrem Leid mit Stärke und Verständnis bei, aber laß dich nicht so tief hineinziehen, daß es ihren Kummer noch verstärkt.

Zuverlässigkeit ist ein wichtiger Schlüssel zur Freundschaft. Halte dein Wort, deine Versprechen und deine Verpflichtungen ein.

Trachte stets danach, in jedem Kontakt von anderen zu lernen und zu wachsen.

Suche in deinen Beziehungen das, was über sie hinausgeht. Betrachte Freundschaften als Fenster zur Ewigkeit.

Liebe Gott über alles. Nimm hinter dem Segen deiner Freunde die Liebe Gottes wahr.

Sei stets du selbst, nicht bloß ein Spiegel für deine Freunde.

Wenn es gerade Spannungen in deinen Beziehungen gibt, dann bleib nicht daran hängen. Halte dich vielmehr an die langfristige Grundmelodie einer Freundschaft.

Freundschaft sollte auf Treue gründen. Sei anderen ein wahrer Freund, auch wenn sie dich enttäuschen.

Sieh zu, daß der Gewinn aus der Freundschaft gegenseitig ist. Mißbrauche Freunde nie für eigene selbstsüchtige Ziele.

Innerer Frieden

Frieden heißt ein ruhiges Herz haben, dessen Gefühle nicht von äußeren Umständen abhängig sind.

Frieden entsteht durch Selbstkontrolle. Verzettle deine Energien nicht, sondern zügle sie und setze sie nutzbringend ein.

Frieden entsteht, wenn du allem, was du tust, dein ungeteiltes Interesse und deine volle Aufmerksamkeit widmest.

Frieden entsteht, wenn du ganz im Augenblick lebst und Vergangenheit und Zukunft dem Kreislauf der Ewigkeit überläßt.

Pflege harmonische Freundschaften. Meide die Gesellschaft friedloser Menschen.

Frieden entsteht, wenn du innerlich entspannt bist – zuerst auf der physischen, dann auf der gefühlsmäßigen und mentalen und schließlich auf der spirituellen Ebene.

Frieden entsteht durch Losgelöstsein von allen Dingen. Denk stets daran, daß dir nichts und niemand wirklich gehört.

Frieden entsteht durch Zufriedenheit. Achte darauf, bewußt glückliche Gedanken zu hegen.

Gib unnötige Wünsche auf. Erkenne, daß das Glück in dir und nicht in äußeren Dingen oder Umständen liegt.

Nimm die Dinge, wie sie sind. Und dann handle – wenn nötig – ruhig und fröhlich so, daß sie besser werden.

Erkenne, daß du die Welt nicht ändern kannst. Dich aber kannst du ändern.

Lebe einfach. Schränke deine Ansicht dessen ein, was »lebensnotwendig« ist.

Lebe gesund. Bewege dich regelmäßig, iß richtig, atme tief.

Frieden kommt von einem reinen Gewissen. Steh immer zu deinen Idealen.

Handle frei aus deiner inneren Mitte. Lebe nicht sklavisch an die Forderungen gekettet, die die Welt an dich stellt.

Die Wahrheit soll in jeder Lebenslage dein Führer sein.

Wünsche dir nie etwas, das andere haben. Sei dir gewiß, daß das, was dir rechtens zusteht, sicherlich seinen Weg zu dir finden wird, wenn du bereit bist, furchtlos das deine zu tun, damit es dich finden kann.

Klage nie. Gesteh dir ein, daß alles, was dir das Leben bringt, davon abhängt, was du ihm zuvor gegeben hast.

Übernimm die Verantwortung, wenn du versagt hast. Schöpfe Mut aus der Tatsache, daß nur du deinen Mißerfolg zu einem Erfolg wenden kannst.

Frieden entsteht, wenn du dich selbst besiegst. Er entsteht nicht bei einem bloßen Waffenstillstand.

Lächle in deinem Herzen, auch wenn andere in deiner Umgebung mürrisch sind.

Frieden entsteht aus Offenheit und gutem Willen, besonders, wenn du von deinen Denkgewohnheiten her »nein« rufen möchtest.

Verbreite Freude um dich. Verlange aber keine Freude von andern.

Frieden entsteht, wenn das Wohlergehen anderer das deine ausmacht.

Wünsche niemandem Schmerz. Verletze einen anderen Menschen niemals vorsätzlich.

Arbeite *mit* andern und nie gegen sie.

Meditiere täglich, um die Quellen des Seelenfriedens anzuzapfen.

Erweitere dein Bewußtsein. Laß die Energie in dein Gehirn steigen. Dann konzentriere diese Energie auf den Sitz des höheren Bewußtseins auf der Stirn, zwischen den Augenbrauen.

Frieden entsteht, wenn du dich akzeptierst. Übersieh deine Fehler nicht und hasse dich nicht dafür, sondern erhebe Anspruch auf deine höhere Wirklichkeit im unendlichen Licht.

Liebe Gott. Bemühe dich in Frieden, seiner Liebe würdig zu sein.

Frieden entsteht, wenn wir andere zu *ihrem* statt zu unserem Besten lieben. Selbstsüchtige Absichten bewirken keinen Frieden.

Wohlstand

Wahrer Wohlstand ist Zufriedenheit und kein Bankkonto.

Wohlstand ist inneres Glück. Der äußere Wohlstand folgt aus dem Entschluß, stets glücklich zu *sein.*

Wohlstand ist die Frucht der Großzügigkeit. Teile alles mit andern, was das Leben dir gibt, denn damit öffnest du dir die Quellen des grenzenlosen Überflusses.

Schließe das Wohlergehen anderer in dein Streben nach Überfluß ein.

Schau hinter die Hindernisse, die das Leben dir in den Weg stellt. Es könnten Fenster zu neuen Möglichkeiten sein.

Erkenne, daß du ein Instrument im großen Orchester des Lebens bist. Das Leben wird dich stets unterstützen, wenn du dich auf seine Harmonie einstimmst.

Arbeite mit den wechselnden Lebensrhythmen und kämpfe nicht dagegen an. Manchmal öffnet sogar ein Versagen die Tür zu einer neuen Betrachtungsweise des Wohlstands.

Sieh Mißerfolge lediglich als Wegweiser an und nicht als Unglück. Sei ein Lebenskünstler, der stets danach strebt, sein Meisterwerk – das Leben – zu vervollkommnen.

Diversifiziere nicht nur deine Geldanlagen (wie Finanzberater es empfehlen), sondern vor allem auch deinen Einsatz von Energie. Entwickle immer wieder neue Ideen, neue Interessen und vor allem neue Gründe, dich am Leben zu freuen.

Wohlstand erfordert die Entwicklung von Glauben – Glauben an dich, an andere und an den Überfluß des Lebens.

Wach aus der Hypnose der Selbstbegrenzung auf, wenn du Wohlstand erlangen willst. Die Höhen, die irgendein Mensch erklommen hat, können andere auch erklimmen. Jeder kann das erreichen, wenn auch auf seine eigene Weise. *Du* kannst sie erklimmen, wenn du genügend Zeit, Hingabe und konzentrierte Energie darauf verwendest.

Wohlstand kommt nicht vom Wunschdenken. Vergeude deine Energie nicht mit banalen Wünschen. Wenn ein undichter Wasserhahn tropft, werden zahllose Liter vergeudet.

Wahrer Wohlstand ist Freude an einfachen Dingen.

Erwarte nur Positives vom Leben. Unterstütze diese Erwartung durch einen dynamischen Willen.

Sieh Menschen als deine beste Investition an. Sei allen ein wahrer Freund.

Erkenne, daß du nur das Sorgerecht für deinen Besitz hast. Geh verantwortungsvoll damit um. Denn wenn du ihn verschleuderst, bekommt ein anderer das Sorgerecht dafür.

Wohlstand ist zuerst ein Geisteszustand. Finde die Quelle deiner Stärke in dir. Warte nicht darauf, daß die vergehenden Wellen der Umstände dich weitertragen.

Erkenne, daß du auf Kosten anderer keinen wirklichen Erfolg haben kannst. Hilf allen.

Wohlstand ist eine ständige Erweiterung deines Selbst.

Wohlstand sollte als Allgemeingut betrachtet werden. Gib Menschen, die es brauchen, gerne eine helfende Hand. Hilf ihnen vor allem, sich selbst zu helfen.

Hilf andern niemals, ohne ihnen Gelegenheit zu geben, sich auf irgendeine Weise zu revanchieren.

Die Straße zum Wohlstand ist mit gesundem Menschenverstand gepflastert. Verlaß dich nicht auf Glück, sondern auf eine realistische Einschätzung der Gegebenheiten. In sinnvollen Etappen kannst du »Unwahrscheinliches« verwirklichen.

Denk daran: Je höher der Berg, desto größer die Anstrengung, die nötig ist, um ihn zu bezwingen. Erfolg ist nichts für Kleinmütige, sondern für Menschen, die nicht rasten, bis sie ihre Ideale erreicht haben.

Sei bereit, Unwesentliches deinem Streben nach Vollkommenheit zu opfern.

Leb in der Gegenwart, nicht in vergangenen Leistungen oder zukünftigen Siegen.

Bring die Geduld auf, deine Handlungsweise der Realität anzupassen. Versuche bei jedem Rückschlag zu verstehen, was es für dich daraus zu lernen gibt – sowohl vom Leben wie von den Umständen.

Beneide niemanden. Fühle den Erfolg und Mißerfolg anderer mit, als wäre es dein eigener.

Wohlstand besteht nicht aus Dingen, Wohlstand ist ein Geisteszustand. Es gibt Menschen, die ohne jeden Besitz reicher sind als andere mit vielen Millionen.

Ein Geheimrezept zum Erlangen von Wohlstand ist Einfallsreichtum.

Erfolg auf irgendeinem Gebiet erfordert, daß du die kreative Schau eines Künstlers entwikkelst. Wahren Wohlstand erlangen *ist* eine Kunst.

Bereichere deinen Wohlstand täglich mit neuen Gedanken und Ideen, damit er nicht wie ein stehendes Gewässer stagniert.

Nutze deinen Wohlstand zum Besten aller. Schließ ihn nie in Selbstzufriedenheit ein, damit *du* nicht stagnierst.

Bewahre dir einen Sinn für das Angemessene. Fixe Ideen sind ein einengender Pfad zum Mißerfolg.

Nimm dir täglich Zeit zum Singen und Lachen. Der Wohlstand ergreift bald Besitz von dir, wenn Singen und Lachen keinen Platz darin haben.

Bedenke: Je weniger wichtig du selbst genommen werden willst, desto wichtiger wirst du in den Augen anderer. Die Freundschaft anderer wird sich mit der Zeit als dein größter Gewinn erweisen.

Erfolg

Genieße die Anstrengung, die zum Erfolg führt, statt dich darüber zu beklagen.

Tu die Dinge nicht nur deswegen, weil sie bei andern ankommen, sondern weil du voll und ganz an sie glaubst.

Arbeite mit den Dingen, wie sie *sind*, und nicht, wie du sie haben möchtest oder glaubst, daß sie sein sollten.

Hänge nicht am Ergebnis dessen, was du tust. Gib jeden Augenblick dein Bestes. Die Ergebnisse werden für sich selber sorgen.

Sieh deine Arbeit zuerst als einen Dienst an andern an und nicht als Mittel zum persönlichen Gewinn.

Begeistere dich! Ohne Begeisterung wurde noch nie etwas Lohnendes erreicht.

Frage stets: »Was geschieht hier?« und nicht: »Was will ich, daß geschehen soll?«

Gib niemandem die Schuld, wenn etwas schiefgeht. Tu einfach, was du kannst, um die Dinge zu verbessern.

Sei dir selbst völlig klar über deine Ziele und Absichten. Was willst du genau? Warum? Welchen anderen Zwecken könnte es sonst noch dienen? Lohnt es sich? Schadet es jemandem? (Wenn ja, gib es auf.) Ist es für deine langfristigen Ziele förderlich?

Steh zu deinen Überzeugungen. Achte nicht auf Zweifel, wenn sie dich so lähmen, daß du handlungsunfähig wirst. Sei aber offen für die Wahrheit, aus welcher Quelle sie auch immer kommen mag.

Heiße die Hindernisse, die sich dir in den Weg stellen, als Chancen willkommen.

Betrachte Rückschläge lediglich als Stufen zum Erfolg.

Entfalte Willenskraft. Setze dir immer schwierigere Ziele, und bleib hartnäckig dabei, bis du jedes einzelne erreicht hast.

Sei mehr auf Energie statt auf Ziele ausgerichtet. Sieh das Leben als einen ständigen Fortschritt in einer bestimmten Richtung an und nicht als etwas, das vorher festgelegten Zwekken dient.

Wage den Schritt über die Grenzen des konventionellen Wissens hinaus.

Konzentriere dich zielstrebig auf jede Aufgabe, die du dir gestellt hast.

Sieh jeden Tag als einen Neubeginn in deinem Leben an, voll strahlender Versprechen und Erwartungen. Definiere dich nie durch das, was du in der Vergangenheit erreicht hast.

Beschränke dein Selbstbild nicht auf die gegenwärtigen Gegebenheiten. Erweitere es unablässig, um dein höchstes Potential zu entfalten.

Sei stets bereit, auch deine Grundprinzipien neu zu überdenken.

Sieh zu, daß alles, was du tust, zu einem harmonischen Ergebnis führt. Handle deshalb stets mit einer harmonischen und positiven Einstellung.

Frage dich bei allem, was du tust, nicht bloß: »Was wollen andere von mir?«, sondern: »Was möchte ich andern gerne geben?«

Sei immer offen für die Wahrheit, wie wenig willkommen oder ungenießbar sie auch sein mag.

Ziehe die Wahrheit allen Ansichten vor, auch wenn es deine eigenen sind.

Befrage deine innersten Gefühle, bevor du eine Entscheidung triffst. Tu nichts ohne das Einverständnis deines Herzens, was die Vernunft dir auch immer sagen mag. Denn aus dem Herzen kommt die Intuition, und die Intuition ist größer als die Vernunft, ebenso wie die Sonne alle Sterne überstrahlt.

Triff keine wichtigen Entscheidungen unter dem Einfluß von Gemütsbewegungen. Sieh zu, daß deine Herzensgefühle ruhig und vernünftig sind.

Richte dich auf Ziele statt auf Probleme aus. Vertrau darauf, daß die Lösung für jedes Problem bereits ihn ihm liegt und nur darauf wartet, daß du sie entdeckst.

Sei dankbar für alles, was du hast, wie wenig es auch scheinbar ist. Grolle dem Leben nicht, weil es dir bestimmte Dinge vorenthalten hat, dann wirst du Überfluß dort finden, wo du ihn am wenigsten erwartest.

Rechtfertige dich nicht, wenn dir etwas nicht gelingt. Schließlich ist nur Gott unfehlbar.

Letztlich bist du selbst der Maßstab all dessen, was du erreichst. Ein Werk ist nur dann edel, wenn es seinen Schöpfer adelt.

Begegne jeder Herausforderung von deiner stillen Mitte aus. Bitte intuitiv – in deinem innersten Selbst – um Stärke und Führung.

Stimme deinen begrenzten menschlichen Willen auf den unendlichen göttlichen Willen ein.

Schätze Demut wie einen Jungbrunnen. Stolz ist der Tod der Weisheit und lähmt jedes lohnenswerte Unterfangen.

Überzeugungs-kraft

Wenn du etwas vorschlägst, dann überzeuge dich zuerst, daß es wirklich ein guter Vorschlag ist. Frage dich: »Entspringt dieser Vorschlag der Wahrheit?«

Es reicht nicht, an eine Idee zu glauben. Du mußt von ihr begeistert sein! Denk aber daran, daß Begeisterung nichts mit Erregung zu tun hat, sondern eine tiefe Überzeugung ist.

Besprich ruhig, worum es geht, ohne emotionell oder aufgeregt zu sein. Anders ausgedrückt: Wenn du überzeugen willst, verwende Superlative sparsam.

Schaff eine entspannte Atmosphäre. Spannung erzeugt Widerstand gegen neue Ideen. Entspannung aber fördert die Aufnahmefähigkeit.

Sag nie eine Unwahrheit. Laß Ehrlichkeit so stark in dir verankert sein, daß nur dein Wort genügt, um zu überzeugen.

Finde Punkte gegenseitiger Übereinstimmung, bevor du zu deinem Hauptthema kommst.

Bewahre Ruhe, wenn du angegriffen wirst. Sei stets liebenswürdig. Äußere dich nicht zu beleidigenden Kommentaren, sondern bleibe ruhig und steh zu deiner Überzeugung.

Denk immer daran, daß auch der andere sich dafür interessiert, die Wahrheit zu finden.

Dein einziger Wunsch soll der Sieg der Wahrheit sein. Sei bereit, dich augenblicklich anders zu besinnen, wenn die Tatsachen darauf hindeuten, daß du dich geirrt hast.

Betrachte dich als Freund und Wohltäter des andern.

Versetze dich in die Haut des andern. Erwäge seinen Standpunkt (egal ob du dich dann auch darauf beziehst oder nicht), bevor du deinen eigenen vorbringst.

Konzentriere dich auf die Bedürfnisse des andern und nicht auf deine eigenen.

Miß dem Fürwort »ich« immer weniger Gewicht bei.

Sprich die Selbstlosigkeit in andern an. Überzeuge sie vom allgemeinen Nutzen deiner Idee.

Mach keine Gedankensprünge, auf die dein Zuhörer nicht gefaßt ist.

Bring die Geduld auf, zu warten, bis andere in ihrem eigenen Tempo und auf ihre Weise zu deiner Ansicht gekommen sind. (Bedenke: Wahrscheinlich hast *du* Zeit gebraucht, um dahin zu gelangen.)

Sei Alternativvorschlägen gegenüber aufgeschlossen.

Hilf andern, selbst zu ihrer Überzeugung zu gelangen. Überfahre sie nicht mit deiner Begeisterung.

Geh ganz in deinem Thema auf. Verleih jedem deiner Worte Gewicht. Konzentriere dich voll und ganz darauf.

Lerne, spontan zu sein. Halte nicht steif an einem Punkt fest, wenn er nicht mehr nützlich oder relevant erscheint.

Werde kreativ: Sei bereit, neue Ideen gleich in die Tat umzusetzen.

Entfalte Anziehungskraft. Vertritt deine Überzeugungen mit der ganzen Energie und Überzeugung, die du selbst verspürst.

Zieh dich nie in die Defensive zurück. Wenn deine Ideen angegriffen werden, dann antworte gutgelaunt, aber mach deutlich, daß du an sie glaubst. Versuche nicht, dich für deine ehrliche Überzeugung zu rechtfertigen.

Belächle nie die Ansichten von Leuten, die du überzeugen möchtest, auch wenn sie noch so wenig von der Sache verstehen.

Berufe dich nie zuungunsten deines Zuhörers auf dein größeres Wissen oder mehr Erfahrungen. Laß deine glasklare Sicht der Dinge deine einzige Verteidigung sein.

Belege deine Aussagen mit überzeugenden Beweisen. Vermeide vage Gemeinplätze der Art: »Jeder sagt das.«

Achte darauf, daß das Gespräch möglichst beim Thema bleibt. Laß Ablenkungen zu, wenn sie zur geistigen Entspannung deiner Gesprächspartner führen, aber halte auch hier die Augen auf dein eigentliches Ziel gerichtet.

Biete Lösungen an. Nimm deinem Vortrag die Luft nicht dadurch aus den Segeln, daß du dich unnötig mit nebensächlichen Problemen aufhältst. Wenn es Probleme gibt, so sag das offen, aber setz dich auch energisch für ihre Lösung ein.

Mach frühzeitig im Gespräch klar, um was es dir geht. Laß deine Zuhörer nicht unnötig warten, sonst werden sie immer angespannter und bauen Widerstand gegen deine Vorschläge auf.

Wenn ihr nicht derselben Meinung seid, dann such nach Punkten der Übereinstimmung. Trage nicht durch Kritik oder Vorwürfe noch mehr zur Uneinigkeit bei.

Wenn es Gegenargumente gibt, dann halte mit ihnen nicht hinter dem Berg. Führe sie offen an, und stell sie dann in den Rahmen einer weitergefaßten Wahrheit.

Knüpfe feste und dauerhafte Bande zu Menschen, damit du auch als Überlegener ihre Freundschaft und Achtung nicht verlierst.

Führung

Führung ist eine Gelegenheit zum Dienen. Sie ist nicht da, um auszuposaunen, wie wichtig du bist.

Ein Führer sollte ständig denken: »Menschen sind wichtiger als Dinge.« Halte dich an diesen Grundsatz, dann werden deine Mitarbeiter stets ihr Bestes geben.

Sei deinen Mitarbeitern gegenüber loyal, ganz gleich, welchen Platz sie in der Rangordnung einnehmen. Loyalität erzeugt Loyalität. Wenn du zuerst Loyalität von andern verlangst, ziehst du dir Jasager heran, und dann wird die Last jeder Entscheidung nur auf deinen Schultern liegen.

Schon oft hat ein kurzfristiger Erfolg das Erreichen eines langfristigen Zieles verhindert.

Teile das Lob für eine gute Arbeit mit den andern. Damit sicherst du dir ihre Unterstützung in allem, was du tust. Der Führer, der vorgibt, alles allein getan zu haben, bekommt nur widerwillig Unterstützung.

Laß die Last von Anschuldigungen nicht auf andern sitzen. Auch wenn sie einen Fehler gemacht haben, so verlierst doch du die Führerrolle, wenn du die Verantwortung ablehnst.

Die Wahrheit soll der Leitsatz deiner Arbeit und auch deines Lebens sein. Denk daran: Nur die Wahrheit gewinnt am Ende.

Halte dir stets das *ganze* Bild vor Augen. Frage dich: »Was wollen wir *wirklich* erreichen?«

Verlange nie von anderen, was du nicht gerne selbst tun würdest. Es gibt Führer und Bosse. Sei ein Führer und kein Sklaventreiber.

Lerne, gleichmütig zu sein. Sei nicht überschwenglich im Erfolg, und laß dich von Mißerfolgen nicht niederdrücken. Laß nicht zu, daß irgendein Geschehen das berührt, was du im Innersten bist.

Konzentriere dich auf die Arbeit, die du gerade ausführst, und nicht auf dich als Ausführenden. Dein Ego kann entweder Energie in ein Projekt fließen lassen oder aber dessen Ausführung behindern, je nachdem, ob du die Energie in das Projekt oder in einen Schautanz der Selbstverherrlichung steckst.

Bleibe sachlich, wenn es um dein eigenes Wohl geht. Setz dich persönlich ein, wenn es um das Wohl der andern geht.

Höre auf die Stimme der Vernunft, wenn sie von andern kommt. Stimme dich auf die Gegebenheiten jeder Situation ein. Das Leben lehrt uns manchmal durch andere, manchmal durch Situationen. Sei stets bereit zu lernen. Du wirst nie das Gesicht verlieren, wenn du nur die Wahrheit willst.

Arbeite mit den Dingen so, wie sie sind, und nicht, wie du sie haben möchtest. Ein »unmögliches« Traumziel kann nur in *möglichen* Etappen verwirklicht werden.

Arbeite mit den Fähigkeiten der anderen, so wie sie sind, und nicht, wie sie deiner Ansicht nach sein sollten. Versuche immer, die beste Person für eine anstehende Arbeit zu bekommen, und vergiß nie: »Menschen sind wichtiger als Dinge.« Überlege auch: »Ist diese Arbeit das Beste für den, den ich dafür im Auge habe?«

Entfalte Weitsicht. Schau über das Sichtbare hinaus zu den Möglichkeiten, die sich hinter dem fernen Horizont verbergen.

Orientiere dich an Ergebnissen und nicht an Problemen. Beide Haltungen haben ihre eigene Anziehungskraft. Ergebnisorientierung zieht Erfolg an, Problemorientierung aber zieht nur Verwirrung und geistige Lähmung an.

Mach dich nicht zum Gefangenen gewohnter Lösungen. Verwechsle aber auch Neuheit nicht mit Verdienst. Tu, was stimmt, auch wenn es schon Tausende von Malen getan wurde, und trotzdem wird es neu erscheinen.

Teile deine Ziele und Ideale deinen Untergebenen mit. Laß sie als Freunde an deinen Träumen teilnehmen, wenn du dir ihre stete Unterstützung sichern möchtest.

Appelliere an hohe Grundsätze. Appelliere nicht an Vorurteile, um Unterstützung zu gewinnen.

Erkenne, daß Güte und Mitgefühl zu den hohen Grundsätzen gehören. Erst sehr viel später kommen dann Regeln und Gewohnheiten in Betracht. Oft hört man Leute sagen: »Das ist eine prinzipielle Frage«, wenn sie sich eigentlich auf eine alte Gewohnheit berufen wollen. Feste Gewohnheiten werden oft als Entschuldigung vorgeschoben, um Sachlagen und Notwendigkeiten des gegenwärtigen Augenblicks nicht neu und schöpferisch angehen zu müssen.

Das Team, das für dich arbeitet, ist wichtiger als jedes Produkt, an dem du arbeitest. Vergiß nicht: Ein gutes Team kann viele Produkte entwickeln.

Deine Vorlieben und Abneigungen sollten deine Entscheidungen nicht beeinflussen. Je mehr sie das tun, desto enger wird deine Sicht. Die Vorlieben und Abneigungen anderer hingegen sind notgedrungen Teil der Gegebenheiten, mit denen du zu arbeiten hast.

Lade andere zur Mitarbeit ein, anstatt ihren Gehorsam zu fordern. Als Führer kannst du Gehorsam immer durchsetzen. Das geht allerdings auf Kosten ihrer freiwilligen und loyalen Unterstützung. Wenn diese fehlt – und wenn ihnen die Begeisterung fehlt –, wirst du sie nie dazu bringen, sich voll und ganz für dich einzusetzen.

Steck andere mit deiner eigenen Begeisterung an. Gewinne andere anhand der Freude, die du in ihnen spürst, für deine Ideen.

Sei bereit, selbst alles zu tun, was es zu tun gibt.

Freu dich mehr am Tun als an dem, was du tust. Du wirst feststellen, daß deine Fähigkeit, andere zu begeistern, gleich bleibt, auch wenn die Dinge sich verändern.

Führe alles, was du tust, zum Besten aller aus. Laß nichts, was du erreichst, zum Selbstzweck werden.

Versuche, anderen Vertrauen in ihre eigenen Fähigkeiten zu vermitteln. Setze sie nie herab, wenn sie deine Erwartungen nicht ganz erfüllen. Dein Vertrauen in sie – oder dein Mangel daran – bestimmt in hohem Maß, ob deine Bemühungen Erfolg haben.

Setze dich voll und ganz für alles ein, was du tust. Stimme Projekten nie nur aus Vernunftgründen zu.

Liebe andere – nicht als von dir getrennte Wesen, sondern als Teil deiner eigenen umfassenderen Wirklichkeit. Dehne deine Wirklichkeit aus, so daß sie andere einbezieht, dann werden sie ewig dein sein.

Warum grollen? Sei großmütig. Wenn Menschen dich verletzen, dann bedenke, daß sie sich selbst noch mehr verletzen. Schenk ihnen still dein Mitgefühl.

Erhalte dir deinen Humor. Lege auch Wert darauf, mit anderen zu lachen, aber niemals über sie. Wenn du über jemanden lachen mußt, dann lach über dich selbst.

Ein Mann sein

Gesteh andern die Freiheit zu, sie selbst zu sein. Nur so wirst du wirklich frei *du* selbst sein können.

Stell Anforderungen an dich, laß aber Fingerspitzengefühl walten, wenn du Anforderungen an andere stellst.

Verlaß dich mehr auf die Macht der Gedanken als auf praktische Fähigkeiten.

Sei stark in dir, dann wirst du stark für andere sein. Sei wie eine Eiche, unter deren breiter Krone viele Schutz suchen.

Sei allen ein aufrichtiger Freund. Überlege stets, wie du ihnen dienen kannst, und nicht, wie du sie dazu bringen kannst, dir zu dienen.

Denke selber. Laß dir das Denken von niemandem abnehmen.

Treibe andere nicht an. Bring sie mit Feingefühl dazu, deinen Standpunkt zu teilen.

Strebe in allem nach Vortrefflichkeit. Tu das nicht im Wettkampf mit andern, sondern weil es an sich ein lohnendes Ziel ist.

Halte dich stets an die Wahrheit. Gib dein Wort mit Vorbedacht, aber wenn du es einmal gegeben hast, dann halte dich auch in den schlimmsten Lebensstürmen daran. Wo Wahrheit ist, ist Sieg.

Miß den Gedanken an »ich« und »mein« weniger Gewicht bei. Du bist ein wesentlicher Teil einer viel größeren Wirklichkeit.

Nimm dich nicht zu ernst. Da draußen gibt es eine weite Welt, die viel größer ist als du. Geh mit und laß dich wie auf einem Surfbrett von ihr tragen. Erkenne, daß die Macht, die dich hebt und vorwärtsträgt, viel größer als deine eigene ist.

Erhärte die Klinge der Vernunft im Feuer des Durchführbaren. Verlange von einer Idee nicht nur, daß sie vernünftig sei, sondern auch, daß sie durchführbar ist.

Sei in deiner Logik nicht unnachgiebig. Logik ist nur *ein* Weg zur Wahrheit, die Wahrheit aber ist mehr als Logik. Überzeuge nicht nur durch Vernunft. Wenn die Vernunft deine Freundin sein soll, muß sie sich der Führung der Intuition unterordnen.

Vernunft kann intuitiv sein, wenn sie das Gefühl des Herzens befragt, ob eine Annahme richtig oder falsch ist. Laß die Ansichten anderer beiseite und schau, ob deine eigenen Ansichten von deiner intuitiven Überzeugung gutgeheißen werden.

Logik sollte nicht als ein Mittel angewendet werden, um andere einzuschüchtern. Erläutere freundlich deine Gründe, damit sie eine Hilfe zur Klärung der anstehenden Fragen sind.

Versuche im Gespräch stets unparteiisch zu sein. Laß dich von der Wahrheit führen, nicht vom Wunsch zu siegen. Sieh die Wahrheit als den einzigen Sieg an, den zu erringen es sich lohnt.

Rücksicht und Mitgefühl bezeugen innere Stärke und sind keine Anzeichen von Schwäche. Erwäge die Gesichtspunkte anderer, die von deinem eigenen abweichen, offen und gerecht.

Denk bei allem, was du tust, daran, daß der größte Sieg der Sieg über dich selbst ist.

Sei stark in dir und sanft nach außen.

Innere Stärke – vor allem beim Mann – hängt weit mehr, als viele wissen, von der sexuellen Mäßigung ab. Betrachte Mäßigung – und nicht Freizügigkeit – als Beweis deiner Männlichkeit.

Wenn du die sexuelle Energie umwandeln möchtest, dann spüre, wie sie von der Wirbelsäulenbasis zum Gehirn hinauffließt. Diese Übung bereitet viel Freude.

Entfalte Willenskraft, indem du schwierige Herausforderungen annimmst und den Sieg davonträgst. Tu täglich irgend etwas zur Schulung deiner Willenskraft.

Fürchte dich nicht, deinem eigenen Leitstern zu folgen, auch wenn er niemand anderem leuchtet.

Deine Anziehungskraft wird nicht dadurch größer, daß du andern deinen Willen aufzwingst, sondern indem du dich noch mehr für andere einsetzt.

Sei wie eine Kiefer. Laß deine Wurzeln tief in den Boden wachsen, strebe dabei aber hoch hinauf in den Himmel der höchsten Ideale.

Freude sei das letzte Ziel all deiner Unternehmungen.

Sei großzügig im Sieg, bewahre Ruhe und Zurückhaltung in der Niederlage, und erhoffe stets nur Gutes. Laß weder Siege noch Niederlagen deine Realität bestimmen. Dann wird selbst eine Niederlage sich als eine Art von Sieg erweisen.

Achte andere, wenn du willst, daß sie dich achten.

Entwickle Güte und Verständnis. Das sind die Kennzeichen eines differenzierten Menschen. Wenn du andern in einigen Punkten nachgibst, wirst du sie zu Freunden gewinnen und einiges von der Last der Selbstsucht ablegen, die das Haupthindernis für jeden wahren Erfolg ist.

Entwickle Begeisterung als eigene Charaktereigenschaft und nicht als Reaktion auf irgendwelche Umstände. Wenn das Gefühl die Vernunft nicht unterstützt, mag sie abstrakt zwar überzeugen, gleicht aber einem Blatt im Herbst: Es ist vielleicht schön, aber leblos.

Laß dich von der Liebe inspirieren, die sich vor allem von der Wahrheit und nicht von Gefühlen leiten läßt.

Laß die Liebe in deinem Herzen sich ganz natürlich entfalten, indem du Selbstsucht, Selbstgerechtigkeit und Stolz entsagst.

Laß die Liebe, die du für die Deinen fühlst, weiter werden, bis sie alle als die Deinen umfaßt.

Eine Frau
sein

Bleib dir selbst treu und kümmere dich nicht allzusehr darum, was andere von dir denken. Laß nicht zu, daß sie dir sagen, wer du bist, sondern bestimme selber immer mehr, wer du sein willst.

Gib andern von deiner Stärke. Verlaß dich weniger auf die Stärke anderer. Entfalte deine eigenen Talente, und beneide andere nicht um die ihren.

Oft können Humor und ein herzliches Lachen ein wirres Durcheinander von Gefühlen auflösen.

Überwinde deine eigenen Probleme dadurch, daß du andere tröstest, deren Herz sorgenschwer ist.

Vergiß nicht: Der größte Heiler ist die Liebe.

Vertiefe deine Empfänglichkeit, damit du deine Lebenserfahrungen auf jeder Ebene deines Seins in dich aufnehmen kannst. Trage sie dort in der Stille aus, und biete sie dann in Form von Weisheit und neuem Leben andern wieder an.

Laß dein Lächeln in deinem Herzen entstehen und durch deine Augen in die Welt gelangen. Laß dein Lächeln ein Lächeln der Freundschaft, der Heilung und der Anerkennung sein.

Wenn du dich zu einer scharfen oder sarkastischen Bemerkung hinreißen lassen möchtest, dann vergiß nicht, daß zuviel Pfeffer ein gutes Essen verdirbt. Übereilte Worte haben schon manche Freundschaft zerstört. Mit Freundlichkeit aber geht nie etwas verloren. Laß anderen die Freiheit, in ihrem eigenen Tempo zu wachsen.

Konzentriere dich nicht darauf, andere durch deine Schönheit oder weibliche Anziehungskraft auf dich aufmerksam zu machen. Denn so befriedigend es auch anfangs sein mag, dir dieser Macht über andere bewußt zu werden, so wirst du mit der Zeit doch feststellen, daß sie dich einschränkt. Strebe lieber danach, innerlich weiter zu werden, indem du andere inspirierst und das Höchste in ihnen ansprichst.

Laß deine Liebesfähigkeit wachsen, bis sie zur unpersönlichen Liebe der ganzen Menschheit und allem gegenüber wird, was lebt.

Schau, daß du andern etwas geben kannst, denn das nährt auch dich selbst von innen her. Ein Weiser sagte einst: »Ein Kanal wird durch das gesegnet, was durch ihn hindurchfließt.«

Dienst an andern ist nicht unwürdig, sondern ein Privileg. Im freudigen Dienen entsagen wir der Kleinlichkeit des Stolzes und erlangen so die innere Freiheit.

Wenn wir uns über andere lustig machen, zeigen wir ihnen, wie unsicher wir sind. Liebenswürdigkeit allen gegenüber spiegelt unsere innere Stärke deutlich wider.

Willst du die Neigung überwinden, die Dinge allzu persönlich zu nehmen, so miß das, was andere dir sagen, an unpersönlichen Prinzipien.

Das, was wir in uns bejahen, bestimmt, was aus uns wird. Wenn wir uns auf Kleinheit konzentrieren, ist es unvermeidlich, daß wir kleiner werden. Wenn wir uns aber mit erhabenen Gedanken und hohen Idealen beschäftigen, können wir Größe erlangen.

Wie wir das Leben sehen, hängt von der Färbung unserer Gefühle ab. In einer negativen Stimmung erscheint sogar Weiß als Grau. Eine positive Stimmung verwandelt sogar einen grauen Tag in etwas Schönes. Gib dich weniger deinen Stimmungen hin. Laß deine Gefühle unbeteiligt sein, richte sie auf die Stille in dir aus.

Frauen sind oft außerordentlich intuitiv, doch sollten ihre Gefühle ruhig und auf Empfänglichkeit basieren. Intuition *ist* ein ruhiges, empfängliches Gefühl.

Beachte mehr die langfristigen Lebensrhythmen. Befasse dich weniger mit dem Auf und Ab des Augenblicks und mehr mit dauerhaften Gegebenheiten.

Laß Weisheit deine Gefühle und selbstlose Liebe deine Empfindungen lenken.

Gib dich selbst ganz unbefangen hin. Halte dich nicht mit Gedanken daran auf, was andere dir geben – oder nicht.

Wahre Schönheit ist ein inneres Leuchten. Sie entsteht aus gütigen und glücklichen Gedanken. Sie entsteht aus der Tugend. Schönheit ist keine Maske, die du überziehst, um andern zu gefallen.

Es ist ein Fehler, die Jugend zu verherrlichen, denn jedes Lebensalter hat seine eigene Schönheit.

Zeig deine Anerkennung. Zeige sie lieber für das, was jemand ist, als für etwas, was man dir gibt.

Schränke deine Vorlieben und Abneigungen ein. Suche Zufriedenheit in dir und im dauerhaften Segen wahrer Freundschaft.

Unwahrheit hat keinen inneren Zusammenhalt und auf Dauer keine Macht. Achte nicht auf Kritik, wenn sich diejenigen, die sie äußern, irren. Danke ihnen aber, wenn sie recht haben (auch wenn du das nur im stillen tust). Überwinde Lieblosigkeiten dadurch, daß du Gutes über Menschen sagst, die versucht haben, dir zu schaden. Dunkelheit wird nicht dadurch bekämpft, daß man sie vertieft, sondern durch Zuwendung zum Licht.

Handle mehr. Reagiere weniger. Eine gefühlsmäßige Reaktion kann dein Verständnis der Wirklichkeit nur verschleiern. Laß deine Liebe zu andern wie eine Kompaßnadel sich immer wieder nach Norden wenden, ganz egal, wie oft sie davon abgelenkt wird. Verhalte dich nach dem, was du als richtig oder falsch empfindest. Laß dich dabei davon lenken, was deiner Ansicht nach zum Besten aller ist.

Beschäftige dich nicht damit, andern zu gefallen, sondern sei ihnen eine aufrichtige Freundin.

Das Leben ist oft wie eine Achterbahn: Heute bist du oben, morgen unten – wenn du das zuläßt. Handle stets aus deiner Mitte heraus. Ganz gleich, ob es gut- oder schlechtgeht, vergiß nicht: Alles ändert sich immer. Sei weder überschwenglich noch niedergeschlagen, denn nichts in diesem Universum bleibt ewig gleich. Veränderung wird immer mehr zum Unveränderlichen, je mehr du aus deiner eigenen Mitte lebst.

Übe Ausgeglichenheit. Ausgeglichenheit gleicht Buckel aus und füllt Schlaglöcher auf dem Weg des Lebens. Ausgeglichenheit ebnet den Weg, und dadurch verläuft deine Reise ohne Hindernisse. Der Weg der Ausgeglichenheit ist die Schnellstraße zum Erfolg.

Sei gerecht. Versuche im Gespräch mit andern ihren Standpunkt zu verstehen und zu respektieren. Nur durch Verständnis kannst du jemanden ändern. Letztendlich spielt nur die Wahrheit und nicht deine Ansicht eine Rolle.

Sei allen gewissermaßen eine Mutter. Gib bedingungslos und fordere nichts von andern. Dann wird dich das Leben tausendfach belohnen.

Wenn Menschen dich verletzen, dann heile ihre Krankheit der Disharmonie durch Güte, Verständnis und Vergebung.

Die traditionellen weiblichen Eigenschaften sind auf ihre Weise genauso stark wie diejenigen, die gewöhnlich eher dem Mann zugeschrieben werden. Luft und Wasser haben soviel Macht wie Feuer. Geduldiges Ertragen, Empfänglichkeit und Anpassungsfähigkeit an die Umstände führen oft zum Sieg, wo Aggressivität sich geschlagen geben muß.

Strahlende Gesundheit und Harmonie

Achte auf eine gute und ausgewogene Ernährung. Iß Nahrungsmittel mit vielen Vitalstoffen. Lerne sie richtig zusammenzustellen. Iß nie zuviel, sondern mach es dir zur Gewohnheit, mit dem Gefühl vom Tisch zu gehen, daß du noch etwas essen könntest.

Iß wenn möglich in einer harmonischen Umgebung und nicht an einem Ort, wo Unstimmigkeiten und Verwirrung herrschen.

Halte dich richtig. Sitz gerade, steh gerade, nimm die Schultern zurück, heb die Brust, und halte das Kinn parallel zum Boden.

Leb mehr in deiner Wirbelsäule. Laß Bewegungen und Gesten aus diesem inneren Zentrum heraus fließen.

Atme richtig. Atme beim Gehen tief und rhythmisch ein und aus. Zähle beim Einatmen bis vier, halte den Atem an bis vier, atme dann ebenso aus, und halte den Atem wieder bis vier an. Wiederhole diese Übung (4–4–4–4) sechs- bis zwölfmal. Atme bewußt. Atme tief vom Zwerchfell aus.

Sorge für genügend körperliche Übung, um fit zu bleiben. Sei dir der Lebenskraft bewußt, die bei jeder Bewegung durch deinen Körper fließt.

Lebe im Bewußtsein, daß du *Energie bist.* Halte dir diesen Grundsatz vor Augen: »Je größer der Wille, desto größer der Energiefluß.« Lerne Übungen, die den Energiefluß in deinem Körper verstärken. Führe sie regelmäßig durch.

Meditiere täglich. Laß aus deiner eigenen stillen Mitte Stille in dein ganzes Wesen fließen.

Liebe die andern, aber eher unpersönlich und ohne dich an jemanden zu klammern. Sonst ist das Eigenliebe und wird dich innerlich verkrampfen. Unpersönliche Liebe hingegen bringt den Körper in vollkommene Harmonie. Reine Liebe entsteht von selbst, wenn Güte die Kleinlichkeit der Eigenliebe aus dem Weg geräumt hat.

Sei von innen heraus glücklich. Strahle mit einem Gefühl völligen Wohlseins Glück in deine Umgebung aus. Glück ist die Frucht des Glaubens an das Leben, an Gott und an dein eigenes höchstes Potential.

Übe dich in Bereitwilligkeit. Übe, »ja« zu sagen, wo andere »nein« oder nur »vielleicht« sagen.

Bewahre dir eine positive, furchtlose Haltung. Wenn du nur das Allerbeste bejahst, ziehst du es allezeit an.

Freue dich, an der frischen Luft zu sein. Atme bewußter. Atme mit jedem Atemzug Vitalität und Mut in deinen Geist und Körper ein. Atme abgedroschene Gedanken, Entmutigung und alte Gewohnheiten aus. Atme ein Gefühl innerer Freiheit ein. Atme jeden Rest verbleibender Gefühle der Unfreiheit aus.

Achte auf gute Gesellschaft. Pflege den Umgang mit großzügigen, tatkräftigen, frohen Menschen, Menschen, die sich für andere interessieren und um deren Wohlergehen besorgt sind. Vermeide die Gesellschaft negativ eingestellter Leute oder wandelnder Zombies. Die Gesellschaft, die du pflegst, kann dir Energie verleihen, sie dir aber auch rauben.

Iß mehr frische Rohkost und weniger Gekochtes. Iß nichts Abgestandenes oder Verkochtes. Vergiß nicht: Deine Nahrung ist viel mehr als nur eine chemische Formel. Wähle Nahrungsmittel mit vielen Vitalstoffen. Iß mehr Obst und Gemüse und weniger Fleisch.

Sei sowohl körperlich als auch geistig entspannt. Spannung hält Krankheit im Körper zurück, während Entspannung sie losläßt und daraus verbannt. Spanne deinen Körper ganz an, wenn du dich völlig entspannen willst; atme dann energisch aus und entspanne dich: *Fühle*, wie die Spannung aus deinem Körper weicht. Laß alle deine Sorgen und Nöte in den weiten leeren Raum entschwinden.

Konzentriere dich auf die lebendige Essenz dessen, was du gerade ißt. Nahrung besteht nicht nur aus Nährstoffen, sondern ist auch Bewußtsein. Mach es dir zur Gewohnheit, bewußt zu essen, dann werden die lebendigen Schwingungen in deiner Nahrung deinen Geist genauso erfüllen wie deinen Körper und dich auf allen Seinsebenen stärken. Je bewußter du ißt, desto richtiger wirst du essen wollen.

Übe Mäßigung in jedem Lebensbereich. Zu große Freizügigkeit vergeudet bloß deine Vitalität.

Sei dir bewußt, daß Farben Energiespender sind. Umgib dich mit fröhlichen und harmonischen Farben. Atme sie geistig ein. Vermeide dunkle, »schmutzige« oder düstere Farben. Wenn du Nahrungsmittel aussuchst, dann wähle sie auch um ihrer verschiedenen Farben willen. Ein farbenfrohes Essen sichert dir eine ausgewogene Ernährung.

Achte bewußter auf Töne. Achte beim Musikhören auf das Bewußtsein, das sich in der Komposition niedergeschlagen hat. Denn ob Musik nun beruhigend oder mißtönend, fröhlich oder bedrückend ist, sie hat eine Wirkung auf das gesamte Nervensystem. Sie kann einen Menschen vital und empfänglich oder leblos, entmutigt und nachtragend machen. Höre lieber Werke von Komponisten, deren Musik bewußtseinserweiternd ist.

Beneide oder tadle niemanden. Ruhe in deinem Selbst. Segne alle, während du gelassen deinen Weg durchs Leben gehst.

Bestätige dir auch, wenn du krank bist, daß du eine gute Gesundheit hast. Oft wiederholte positive Affirmationen verhelfen dir dazu, strahlend und kräftig zu bleiben. Wenn dein inneres Licht hell leuchtet, schließt die Krankheit ihre Augen und läuft davon.

Stell dir vor, daß ein Lichtkreis dich umgibt. Leb immer mehr im Bewußtsein dieses Lichts. Dehne es geistig aus. Beziehe die Menschen, Dinge und den Raum um dich herum mit ein.

Beschäftigung mit dir selbst trübt das Bewußtsein. Überwinde sie. Sieh zu, daß du nicht mehr so an Kleinigkeiten, strengen Ernährungsregeln oder kleinen Marotten hängst. Erweitere dein Bewußtsein: Entscheide dich, in innerer Freiheit zu leben!

Sei um das Wohlergehen anderer besorgt. Dehne deine Sympathie aus, und beziehe andere in dein strahlendes Gefühl des Glücks und Wohlbefindens ein.

Übe dich darin, niemandem zu schaden. Unser Wohlbefinden hängt davon ab, was wir über andere denken. Schädliche Gedanken ebnen dem Schaden den Weg, so daß er uns ereilt. Freundliche Gedanken sind eine Aufforderung an unser Nervensystem, zu entspannen. Sie fördern die Selbstheilung und bieten allen, denen wir begegnen, Heilung an.

Übe dich in der höchsten Tugend: der Zufriedenheit. Zufriedenheit ist der Boden, auf dem alle andern Tugenden wachsen; sie ist das glatte Blatt, an dem die Regentropfen der Krankheit nicht haften können.

Übe, an nichts zu hängen. Das schenkt dir inneren Frieden, aus dem Zufriedenheit entsteht, und auch Entspannung, die mit einer guten Gesundheit einhergeht.

Übe innere und äußere Reinheit. Freue dich über Empfindungen, bei denen es dir wohl ist, über gute Gedanken und erfreuliche Aktivitäten. Krankheit gedeiht auf Unreinheit. Wenn wir aber auf Reinheit achten, haben wir eine blühende Gesundheit auf der körperlichen, mentalen, gefühlsmäßigen und spirituellen Ebene.

Sei dankbar – dem Leben und andern gegenüber. Dankbarkeit öffnet die Fenster, die das Sonnenlicht des göttlichen Überflusses einlassen.

Laß deine Energie ins Gehirn hinaufließen. Beuge dich beim Ausatmen nach vorn. Atme dann langsam wieder ein, während du dich aufrichtest und deine Arme hoch über deinen Kopf hebst. Fühle, wie das Leben deinen Körper bis in die Fingerspitzen hinein mit Kraft erfüllt. Sieh öfter nach oben, und richte dein Bewußtsein immer wieder zur Stirn, auf eine Stelle zwischen den Augenbrauen. Geh leichtfüßig, sitze locker, lächle natürlich.

Werde zu einer Ursache, statt eine Wirkung zu sein. Laß nichts dein Glück beeinflussen. Nimm nur das von andern an, was du annehmen willst: ihre guten Vorschläge, aber nicht ihr Daraufbeharren; ihre konstruktive Kritik, aber nicht ihren Ärger. Strahle das Licht deines Glaubens und deiner Weisheit in die Welt um dich herum aus.

Sei allen ein Freund. Wenn du Menschen kennenlernst, sieh sie als die Deinen an.

Heilung der Gefühle

Laß selbstsüchtige Wünsche fallen, und betrachte deine Gefühle im Verhältnis zu einem weiter gespannten Gefühlsbogen, beispielsweise der Liebe oder der Sorge für die Bedürfnisse anderer.

Sag dir, daß du innerlich frei bist. Freue dich daran. Mach dich unabhängiger von äußeren Gegebenheiten.

Achte das Recht anderer, ihre eigenen Entscheidungen zu treffen und ihre eigenen Fehler zu machen.

Überwinde die Angst, und tu *jetzt* dein Bestes. Hör auf, dich um das Ergebnis zu sorgen. Sei dir gewiß, daß dir alles, was dir zusteht, früher oder später zukommen wird. Was dir nicht zusteht, wird sich als flüchtig erweisen.

Überwinde Depressionen durch nützliche Taten, mit denen du selbstlos andern hilfst.

Depressionen lassen sich überwinden, und zwar nicht dadurch, daß du dir einen Weg aus deinem Tief ausdenkst, sondern indem du tatkräftig dein Energieniveau vom Herzen zum Gehirn anhebst und die Energie in kreativem Handeln oder nützlichem Dienst an andern nach außen lenkst.

Vertreibe Depressionen mit der folgenden Affirmation: »Ich bin nicht meine Stimmungen. Ich bin den Stimmungen anderer nicht unterworfen. Ich bin Herrscher in meinem inneren Reich der Gedanken und Gefühle!« Laß alles, was du tust, von dir und nicht von andern ausgehen. Laß dich nicht von den Umständen beeinflussen.

Entmutigung verschwindet, wenn du daran arbeitest, andern Mut zu machen.

Kehre der Entmutigung den Rücken zu, und brüte nicht darüber. Handle statt dessen! Laß erbauliche Gefühle dein Herz erheben. Stell dich gerade hin, atme ein und hole beim Atmen Mut aus deinem Herzen in deine Stirn. Vertreibe beim Ausatmen jede geistige Schwäche und Negativität aus deinem Sinn.

Laß der Einsamkeit keinen Platz, sondern umgib dich mit inneren »Freunden«: mit schöpferischen Gedanken, hohen Idealen und edlen Bestrebungen. Stell dir vor, dein Geist sei wie ein Land, dessen Bevölkerung sich aus lauter glücklichen, in sich selbst ruhenden Bewohnern zusammensetzt.

Besiege die Einsamkeit dadurch, daß du übst, in Gottes Gegenwart zu sein. Laß Gott (als himmlischen Vater oder himmlische Mutter) an jedem Gedanken, jedem Gefühl und jeder Handlung teilhaben.

Überwinde lieblose Gedanken und bedenke, daß du dich selbst am meisten verletzt, wenn du keine Nachsicht übst. Andererseits bist auch du wieder der Hauptempfänger deiner Liebenswürdigkeit.

Verletzte Gefühle verlieren vollkommen an Bedeutung, wenn du deine persönlichen Erwartungen an andere und an das Leben herunterschraubst. Wenn du nichts von anderen erwartest, wird alles, was sie sagen oder tun, dich stets in innerem Frieden finden.

Überwinde verletzte Gefühle dadurch, daß du deine Aufmerksamkeit nach außen lenkst und dich für andere hingibst, statt dich selbstsüchtig damit zu beschäftigen, was du von ihnen haben willst.

Nimm dem Zynismus die Spitze, indem du dich auf die Bedürfnisse anderer konzentrierst. Halte dich nicht mit dem Gedanken auf, das Leben oder andere seien es dir schuldig, anders zu sein, als sie sind.

Verwandle Bitterkeit dadurch in Zufriedenheit, daß du dir nicht einbildest, mehr vom Leben zu verdienen, als es dir zugesteht. Du wirst feststellen, daß dir genau so viel zukommt, wie du vom Leben verdienst.

Überwinde Abhängigkeit von andern mit diesen Gedanken. Können andere mir irgend etwas bringen, das nicht an etwas anklingt, was bereits in mir ist? Leb mehr von innen heraus, und strahle von dieser Mitte aus deine eigene Stärke und deinen eigenen Mut in die Welt hinaus.

Wenn du unzufrieden bist, dann bedenke, daß die Umstände grundsätzlich immer neutral sind. Die Freude und der Verdruß, den sie uns bringen, hängen von unserer eigenen geistigen Haltung ab. Beschließe deshalb, stets glücklich und zufrieden mit dir selbst zu sein.

Laß Zweifel fahren, und besinne dich auf alle Gründe in deinem Leben, die du hast, glücklich zu sein. Halte dich mit Dingen auf, die dir unvollkommen erscheinen. Gewohnheitsmäßige Zweifel sind Zeichen für Ichbezogenheit. Liebe die Wahrheit. *Liebe!* Fülle dein Herz mit großzügigen Gefühlen, dann werden Zweifel wie nächtliche Schatten vor einem Sonnenaufgang weichen.

Vertreibe die Angst, und lebe in jener stillen Mitte in dir, wo nichts auf der Welt dich berühren kann: kein Feuer, keine Überschwemmung, kein Verlust irgendwelcher Art und nicht einmal der Tod.

Wirke der Tendenz zu geistiger Trägheit dadurch entgegen, daß du jedesmal, wenn du den leisesten Drang zum Nörgeln oder Neinsagen verspürst, statt dessen sofort ja sagst. Mach dem Leben mit seiner faszinierenden Vielfalt und all seinen Herausforderungen die Tür ganz weit auf. Laß dein Herz stets wie eine voll erblühte Blume offen für die Erfahrungen des Lebens sein. Überwinde deine verborgene Neigung zu ablehnenden Gefühlen und Rückzugstendenzen.

Laß Schuldgefühle hinter dir, und laß die Vergangenheit los. Was geschehen ist, ist geschehen. Es gehört der Vergangenheit an. Beschließe, es von nun an besser zu machen, besser und immer besser, bis dieses »besser« zum Allerbesten in dir wird. Sieh deine Fehler einfach als Anstöße an, die dich am Ende zum Sieg führen.

Laß keine Habgier aufkommen, indem du dir eine innere Zufriedenheit erhältst und Harmonie in deine innersten Gefühle bringst. Bestätige dir innerlich: »Ich bin in mir vollständig. Ich bin frei von jeder Angst und jedem Bedürfnis. Zufrieden nehme ich alles an, was mir begegnet, während ich mein Bestes gebe, um meine berechtigten Ziele zu erreichen.«

Zügle deine Tendenz zu Gereiztheit, und betrachte das Leben lieber in seinen längeren Rhythmen – nicht das kleine Kräuseln von Lust und Schmerz, sondern die großen Wellen langfristiger Ziele; und nicht nur die emotionale Anteilnahme, sondern den großen Wellengang des Meeres der Hingabe an erhabene Ideale.

Vertreibe Negativität durch die Erkenntnis, daß das, was du in der Welt siehst, dir das widerspiegelt, was du bist. Arbeite daran, dich selbst zu ändern. Denke nie, die Welt sei dir jede Wunscherfüllung schuldig, sondern konzentriere dich lieber auf das, was du der Welt geben kannst.

Erweitere deine kleine unsichere Basis, indem du dich selbst im Herzen der Ewigkeit sitzen siehst. Denk nur: Das gesamte Universum geht in bezug auf dein eigenes Bewußtsein von dir aus. Laß heilende Strahlen des Glaubens und des guten Willens zu allen ausgehen. Das Leben wird dir in jeder Schwierigkeit beistehen, wenn du bewußter in jener Mitte lebst, aus der dein eigenes Leben fließt.

Zerstreue Eifersucht durch die Erkenntnis, daß kein Mensch je einen anderen besitzen kann. Ein jeder steht vor der Ewigkeit allein da. Wer innerlich frei ist und allen dieselbe Freiheit zugesteht, liebt am wahrhaftigsten. Wachse in deinem eigenen Tempo. Gesteh den andern dieselbe Freiheit zu. Zu seiner Zeit wird jeder seinen angestammten Platz im großen Reigen der Dinge einnehmen.

Lächle über Selbstüberhebung, wenn du an das Universum denkst, das überall seine Mitte hat und nirgends aufhört. Jeder Mensch lebt im Herzen einer unendlich weiten Wirklichkeit. Jeder hat das Bedürfnis, sich auf seine Weise der Wahrheit zu nähern. Das Bedürfnis anderer in dieser Hinsicht ist genauso wichtig wie das deine.

Vernichte Groll mit der Affirmation: »Ich bin in meinem Innern frei!« Wünsche allen Freiheit. Strahle Güte mitten aus deinem Herzen auf alle aus. Werde zu einer Quelle des Glücks für andere, dann wirst du wissen, was Freude ist.

Ertränke Selbstmitleid in der Erkenntnis, daß Gefühlsduselei dich nur daran hindert, etwas zu erreichen. Bedenke: Was irgend jemand je erreicht hat, das kannst auch *du* erreichen. Dazu braucht es nur Geduld, feinfühlige Einsicht und Entschlossenheit. Jede scheinbare Begrenzung ist nur die Chance, einen strahlenden Sieg zu erringen.

Laß Versagensängste los, indem du nicht am Erfolg hängst. Konzentriere dich lieber auf den notwendigen Willen und die nötige Energie zum Erfolg. Sogar deine Mißerfolge können zu einem Sprungbrett für Größeres werden.

Verbiete dir, dich selbst gering zu achten, in der Erkenntnis, daß du ein wesentlicher Teil von allem bist, was ist. Du wirst stets von der Macht getragen, die das ganze Universum ins Leben gerufen hat. Öffne dem Leben dein Herz. Sieh dich nicht länger als eine einsame Pflanze an, die in einer öden Wüste ohne Wasser den Kopf hängen läßt.

Überwinde die Angst vor dem Tod dadurch, daß du das Bewußtsein jenes zentralen Teils deines Wesens vertiefst, das sich nie ändert, sondern wie ein Faden durch das Muster der Veränderungen deines Lebens zieht. Das Veränderungsbewußtsein geht mit der Angst vor dem Tod einher. Das Unveränderliche im Herzen der Veränderung wahrzunehmen: Das ist das Geheimnis der Unsterblichkeit.

Selbst-
akzeptanz

Das Geheimnis der Selbstakzeptanz ist nicht der Rückzug in das Ego, sondern Selbstausdehnung.

Öffne dem Leben dein Herz: *Umarme* es! Denk dabei nie: »*Ich* umarme das Leben«, sondern sage dir vielmehr: »Ich umarme das *Leben!*«

Weite dein Selbstgefühl so aus, daß andere darin Platz haben. Freue dich mit ihnen an ihren Freuden. Trauere in ihrem Leid mit ihnen, und versuche dabei, sie sanft vom Leid zur Weisheit und zum wahren Glück zu führen.

Betrachte die Welt um dich herum anerkennend. Tritt nie in Konflikt mit ihr, weil du dich selbst behaupten willst. Selbstakzeptanz entsteht, wenn du freudig deine Rolle im größeren Plan übernimmst.

Selbstakzeptanz ergibt sich, wenn du anerkennst, daß du ein wesentlicher Teil des Universums bist. Du kannst dich weder je aus dieser Totalität herauslösen, noch kannst du sie je von dir trennen. Genauso, wie du sie brauchst, um gut zu funktionieren, braucht das Universum auch dich. Wenn nötig, wartet es ewig auf deine Harmonie und Liebe.

Selbstakzeptanz entsteht, wenn du verstehen statt verstanden werden möchtest, Beziehungen aufnehmen willst statt darauf wartest, daß andere mit dir in Beziehung treten. Sie entsteht, wenn du allen aus vollem Herzen gibst.

Ist es wirklich so schwierig, dich selbst zu akzeptieren? Wer ist es denn eigentlich, den du nicht annehmen kannst? Doch sicher nicht dein inneres Selbst? Du magst doch einfach dein eigenes Gefühl der Kleinheit, dein verringertes Selbstbild nicht. Verliere dich in einer umfassenderen Schau des großen Abenteuers Leben!

Wenn du dich mit dir selbst beschäftigst, erzeugt das einen psychologischen Sog, der deine Wahrnehmung verzerrt und dir deine Fähigkeit zum Glücklichsein nimmt. Hör auf, dich mit dir selbst zu beschäftigen, und gib dem Sog nach innen nicht mehr nach. Lenke diese Energie nach außen in das große Meer des Lebens um dich herum. Biete deine Persönlichkeitskonflikte wie mißtönende Akkorde der großen Harmonie allen Lebens zur Auflösung an.

Konzentriere dich nicht darauf, wie andere dich behandeln, sondern wie du sie behandelst und was du tun kannst, um ihnen zu helfen.

Was erfüllt dich mehr: Dich in dich zurückzuziehen oder dich auszudehnen? Denk darüber nach, zu welchen Folgen beides führt. Rückzug begrenzt den Geist, und das erzeugt Leiden. Ausdehnung hingegen löst Begrenzungen auf und verwandelt jedes Leid in Freude.

Selbstakzeptanz entsteht, wenn du jeder Herausforderung des Lebens energisch begegnest. Betäube dich angesichts deiner Probleme und Schwierigkeiten nicht, und bau auch keine geistigen Mauern auf, um Schmerz aus deinem Leben auszuschließen. Du wirst den Frieden nicht dadurch finden, daß du deinen Problemen zu entrinnen versuchst, sondern dadurch, daß du ihnen mutig ins Auge siehst. Nicht im Verdrängen, sondern im Sieg wirst du Frieden finden.

Wenn du dich geistig in dich zurückziehst, werden deine Probleme größer und bedrohlicher, weil du in deinen eigenen Augen kleiner wirst. Wenn du aber dein Bewußtsein so erweiterst, daß du eine breitere Schau der Wirklichkeit zuläßt, nimmt deine Kraft und Größe in deinen eigenen Augen zu. Dann schrumpfen deine Probleme, und du stellst fest, daß du sie ansehen und überwinden kannst.

Sei wie ein Kind. Urteile nicht; *nimm an.* Wenn du andern etwas vorwirfst, beginnst du, dich in dich zurückzuziehen, was dir nur Schmerz beschert. Nimm andere so an, wie sie sind. Nimm das Leben so an, wie es ist. Wenn du akzeptieren lernst, lernst du vor allem, dich selbst zu akzeptieren. Mit dem Akzeptieren gehen Vergeben und ein freudiges Gefühl der inneren Befreiung Hand in Hand.

Willst du Selbstakzeptanz lernen? Dann fang nicht damit an, dir deinen Selbstwert zu bestätigen. Solche Bestätigungen führen nur zu Vergleichen: »Ich bin genausoviel wert wie er«, »Ich bin *mehr* wert als er!«, »Er hindert mich daran, mein Selbstwertgefühl zu entwickeln!« Du wirst feststellen, daß du dich viel weniger ablehnst, wenn du dich selbst vergißt.

Nimm zuerst die andern so an, wie *sie sind.* Erst dann wirst du dich so akzeptieren, wie *du* bist.

Der Weg zur Selbstakzeptanz führt über die Bejahung einer großzügigen, freigebigen Haltung andern gegenüber. Nur wenn du andere in deine eigene Wirklichkeit einbeziehst, erwirbst du die Fähigkeit, deine Beziehung zu allem, was lebt, richtig zu erkennen.

Wenn du erst einmal eine Haltung der Offenheit und Zuwendung für andere erlangt hast, bestätigst du dir, daß du nicht von andern abhängig bist. Bejahe deine innere Freiheit im Geist einer erfreulichen Gleichheit mit allen.

Denk daran, daß du, wie jeder andere, einmalig bist. Niemand außer dir wird deine Rolle auf der großen Lebensbühne übernehmen. Finde heraus, wer du *wirklich* hinter den sich ständig verändernden Masken bist, die dein kleines Ego trägt.

Erkenne deine Einmaligkeit im ganzen Universum. Niemand wird je dein Lied zu singen bekommen, in Ewigkeit ist es nur deins. Deine vorrangigste Aufgabe im Leben ist, dieses Lied zu lernen und es perfekt zu singen.

Beneide andere nicht um ihre Begabungen und Fähigkeiten. Es ist sogar besser, in der Aufgabe, die dir deine eigene Seele bestimmt hat, zu versagen, als die eines andern gut zu verrichten. Wenn es dir einmal gelingt, ganz du selbst zu sein, dann hast du den größten Erfolg erzielt, den ein Mensch überhaupt erzielen kann.

Ärgere dich über niemanden. Wenn wir uns über andere ärgern, machen wir uns selbst kleiner.

Entwickle Achtung allen gegenüber. Denn so, wie wir sind, stellen wir uns auch die andern vor, und was wir in andern sehen, verstärken wir in uns.

Verkehre mit Menschen, die freundlich auf andere zugehen und sie unterstützen. Meide die Gesellschaft von Menschen, deren Verschlossenheit sie zynisch oder unsicher gemacht hat.

Liebe die andern. Warte nicht darauf, daß sie dich zuerst lieben.

Diene andern im Bewußtsein, daß du als Werkzeug einer höheren Macht dienen kannst.

Vergib andern. Wenn wir vergeben, wird uns von ihnen – und vom Leben – vergeben. In der Vergebung erwerben wir die Weisheit, *uns* zu vergeben.

Erwarte nicht zuviel von andern. Dann lernst du, nicht zuviel von dir zu erwarten.

Wir sollten den andern ihre negativen Einstellungen und ihr negatives Verhalten uns gegenüber nicht vorhalten. Wenn wir sie tadeln, schwächen wir nur uns selbst und verleihen ihnen Macht über uns.

Halt dich nicht mit Selbsttadel auf. Vergiß nicht, je wichtiger das Gemälde, desto mehr Zeit und mehr Mühe braucht es zu seiner Vollendung.

Merze negative Erwartungen aus deinem Geist aus. Säe statt dessen positive Erwartungen, denn diese ziehen ihresgleichen an. Du formst dein Schicksal größtenteils mit deinen Erwartungen an das Leben.

Miß dir nicht zuviel Bedeutung zu, und nimm dich nicht zu ernst. Deine wahre Bedeutung wird um so größer, je weniger du für dich in Anspruch nimmst.

Erweitere dein Selbstgefühl. Beziehe andere in dein größeres Selbst ein. Sieh ihr Glück, ihre Erfüllung und ihre Erfolge als deine eigenen an.

Nimm deine Fehler nicht zu wichtig. Beschließ ganz ruhig, es einfach das nächste Mal besser zu machen.

Verwechsle dich nicht mit deinen Fehlern. Sie gehören nicht dir, sondern waren einfach da, damit jeder, der aufrichtig nach Vollkommenheit strebt, sie begehen konnte.

Verwechsle dich nicht mit deinen Mißerfolgen. Weder Erfolg noch Mißerfolg machen dich aus, der du als Ebenbild der unendlichen Vollkommenheit geschaffen bist.

Hebe deine Energie dadurch an, daß du eine bereitwillige Haltung entwickelst. Tu gern und freudig alles, was zu tun ist.

Bewege dich ausgiebig. Atme tief. Sitz und steh gerade. Iß vor allem Obst und Gemüse und nicht soviel Fleisch. Ein gesunder Körper fördert gesunde Lebenseinstellungen.

Bewahre dir deinen Humor. Lerne vor allem, über dich selbst zu lachen. Das rückt alles ins richtige Licht. Lies täglich eine lustige Geschichte. Erzähle deinen Freunden jeden Tag mindestens einen guten Witz.

Übernimm die volle Verantwortung für alles, was dir zustößt. Nichts geschieht ohne Grund, der sich auf eine – möglicherweise unbewußte – Haltung oder Erwartung in unserem eigenen Denken zurückführen läßt.

Laß kein Unkraut der Schuld in dem Garten wachsen, in dem du den Glauben an dich selbst pflegst. Bedenke, daß Menschen sich leicht irren. Wandle Schuldgefühle in den Entschluß um, es einfach immer besser zu machen.

Lache mit andern, wenn sie dich aufziehen. Nimm dir ihre Worte nicht zu sehr zu Herzen.

Bewahre dir eine positive Einstellung. Ein Weiser sagte einst: »Die Umstände sind im wesentlichen neutral. Deine Haltung entscheidet darüber, ob sie dir positiv oder negativ erscheinen.«

Versuche nicht zu sehr, dich in den Augen anderer zu rechtfertigen. Tu dein Bestes nach bestem Wissen und Gewissen, und nimm dann die Folgen mit Gleichmut an. Vergiß nie, daß der höchste Richter deines Verhaltens stets in dir selbst wohnt.

Mach dein Glück oder Wahrheiten, die dir wichtig sind, nie von der Meinung anderer abhängig.

Bleibe in deinem innersten Wesen verankert. Laß dich nicht durch die Deutung anderer, was recht und unrecht ist, in die Defensive drängen.

Kümmere dich nur darum, Gott zu gefallen und nach deinem eigenen Gewissen zu handeln, und achte nicht auf andere außer insofern, als sie dir helfen, dir den höheren Willen klarzumachen oder zu bestätigen.

Sei für alle Prüfungen dankbar, die du im Leben zu bestehen hast, denn sie sind die Mittel, die dir helfen, stärker und weiser zu werden.

Konzentriere dich auf dein Potential, dich selbst zu vervollkommnen. Liebe dieses Potential anstelle deines gegenwärtigen unvollkommenen Zustands. Sag dir, daß das, was *potentiell* dein ist, schon jetzt und für immer dein ist.

Trost und Freude

Liebe alle. Wenn wir lieben, leben wir in der Freude; wenn wir hingegen hassen und andern grollen, erfahren wir nur Schmerz.

Verstehe, worin wahre Zufriedenheit liegt: nicht in Veränderungen, sondern im Stillesein; nicht in den Dingen, sondern im eigenen tieferen Selbst. Sing mit dem Psalmisten: »Er führt mich zum Ruheplatz am Wasser.«

Beweise Milde, wenn du dich für einen Fehler rächen könntest. »Selig sind die Barmherzigen, denn sie werden Barmherzigkeit erlangen.«

Öffne dein Herz in der Stille der Macht der Liebe. Ein Weiser sagte einst: »Wenn du nur wüßtest, wie sehr Gott dich liebt, du würdest aus Freude sterben!«

Begrüße jede Prüfung mit einem unbeirrbaren Lächeln: Der Sieg ist nahe. »Es gibt keine Hindernisse, nur Chancen!«

Mach andern eine Freude: mit einem freundlichen Lächeln, einem Wort der Ermutigung und Anerkennung.

Tu *heute* etwas, um irgendein bekümmertes Herz zu trösten. Diene allen als Kanal für Gottes Trost.

Konzentriere dich auf die Eigenschaften deiner Freunde, die du magst und um derentwillen du sie bewunderst.

Erinnere dich an Gelegenheiten, als andere von ganzem Herzen etwas für dich getan haben.

Denk dir aus, wie du andere trösten kannst, setze es dann in die Tat um, und bring allen Trost.

Bete für jemanden, der sich für deinen Feind hält. Bring die Gefühle, die du selber für ihn hegst, Gott dar.

Wirf deinen Anker im Unveränderlichen aus. Laß dich durch nichts stören oder ängstigen. Alles geht vorbei. Lebe im Gedanken an die Ewigkeit.

Halte dir stets die erste Priorität des Lebens vor Augen: Mach Gott zu deinem Leitstern, dann wird das Schiff deines Lebens nie weit von seinem Kurs abkommen.

Bejahe die Freude in dir. Warte nicht passiv darauf, daß die Freude zu dir kommt.

Vergiß nicht, daß Freude in die Gegenwart gehört. Sie gehört dem *Heute*. Warte nicht darauf, daß du dich in einer fernen Zeit, die du dir in der Zukunft erhoffst, freuen wirst.

Versteh den Unterschied zwischen Wunscherfüllung und wahrer Freude.

Such die Freude nicht in wechselhaften Gefühlen, sondern in der Stille, die dahinterliegt. In der Bibel heißt es, daß euer Herz darin Trost finden wird.

Verstehe, daß Trost und Freude die beiden Begleiter eines ruhigen Gewissens sind.

Erkenne, daß die größte Freude von Gott kommt. Man kann sie nicht einfach bejahen. Sie muß auch aufgenommen werden.

Betrachte Freude nicht als Ergebnis von Spannung und Begeisterung, sondern als Frucht des inneren Friedens.

Dehne jedes aufsteigende Freudenbläschen aus, bis es dein ganzes Wesen erfüllt. Dehne es über deine eigenen Grenzen aus, damit es auch das Leben anderer berührt.

Danke Gott jeden Tag, nicht in erster Linie für seine Gaben, sondern vielmehr für seine Liebe.

Sieh Gottes Liebe hinter den Prüfungen des Lebens. Fürchte sie nicht: Nur im Kampf wird der Krieger stark.

Nimm keinen Mißerfolg als den letzten Ratschluß des Schicksals an. Ein Weiser sagte einst: »Die Zeit des Mißerfolgs ist die beste Zeit, um den Samen des Erfolgs zu säen.«

Sei ab heute mutig. Vergiß die Vergangenheit. Ein Blick zurück läßt jeden etwas sehen, wofür er sich schämt. Aber deine Zukunft wird besser sein, wenn du von jetzt an mutig dein Bestes tust.

Sieh deine Familie als Gottes Gabe an dich an.

Vergib denen, die dich zutiefst verletzt haben. Vergebung bringt Freude. Wenn wir uns weigern, andern zu vergeben, dann merken wir, daß wir auch uns selbst nicht mehr vergeben können.

Sieh die Liebe Gottes hinter dem Geschenk menschlicher Liebe.

Vergiß nicht: Du gehörst niemandem, und niemand gehört dir. Wahre, selbstlose Liebe ist die Gabe innerer Freiheit.

Freu dich am Glück anderer.

Trost und Freude sind Bewußtseinszustände. Sie entstehen nicht durch physische Umstände.

Frieden auf Erden

Bedenke, daß der Frieden, den du auf die Erde bringst, vom kleinen Flecken Erde ausgehen muß, auf dem *du* stehst.

Bring zuerst die Gefühle deines Herzens zur Ruhe.

Strahle bewußt Frieden von deinem Herzen in die Welt um dich herum aus.

Umgib dich mit einer Aura der Friedfertigkeit, wohin auch immer du gehst. Bewege dich bewußt in diesem Licht.

Berühre andere täglich mit dem Zauberstab deines inneren Friedens.

Lebe weniger an deiner Oberfläche als vielmehr in deiner Herzensmitte.

Berühre das Herz anderer, indem du von deinem eigenen Herzen aus eine Lichtbrücke zu ihnen schlägst.

Denke *»Frieden«*, wenn du andern in die Augen siehst.

Bring Frieden in die Welt, indem du mit deiner Stimme bewußt einen beruhigenden Einfluß ausübst.

Laß jede deiner Bewegungen deinen inneren Frieden und Einklang zum Ausdruck bringen.

Erkenne, daß Frieden, der durch dich zum Ausdruck kommt, seinen Ursprung nicht in dir, sondern in der Ewigkeit hat.

Finde, wenn möglich, stets Gesprächsthemen, in denen du mit andern übereinstimmst.

Verstehe, daß wahrer Frieden nie passiv ist, denn er erhält wie nährender Regen alles am Leben.

Versuche nie, Frieden zu schließen, wenn es auf Kosten wahrer und hoher Prinzipien geht.

Achte Zweckmäßigkeit nie höher als die Wahrheit.

Verstehe, daß die Liebe die höchste Wahrheit, das höchste Prinzip ist.

Zünde jedesmal, wenn du jemanden korrigieren möchtest, in deinem Herzen eine Kerze der Güte an. Und wenn du dann anfängst zu reden, laß sie ruhig weiterbrennen.

Vergib allen, die dir je etwas zuleide getan haben. Wenn du ihnen keinen Frieden anbieten kannst, wie willst du ihn dann anderen anbieten, mit denen du nie in Berührung gekommen bist?

Fordere nicht, daß andere so leben, wie du es für gut hältst. Lebe vielmehr bescheiden nach deinen eigenen Überzeugungen.

Vergiß nicht, daß die Welt einfach *ist*, was sie ist. Ist sie denn ein so kleiner Ort, daß du sie von Grund auf verändern willst? Lebe in Frieden mit dir selbst, wenn du auch nur einem anderen Menschen Frieden bringen willst.

Denk daran, daß das Versprechen des Friedens aus himmlischen Regionen auf die Erde kam. Es war nie das Geschenk von Regierungen.

Bedenke, daß Frieden nicht aus äußeren, sondern aus inneren Siegen entsteht.

Bedenke, daß ein einziger Gedanke, der vom Frieden durchdringen ist und Frieden verbreitet, mehr Macht hat, den Frieden herbeizuführen, als tausend hinausgeschmetterte Schlagwörter.

Erachte es als wichtiger, Frieden in deinem Herzen zu bewahren, als all die Kleinigkeiten auszuführen, die täglich deine Aufmerksamkeit erfordern.

Akzeptiere, daß Frieden schaffen nicht die Aufgabe anderer ist, sondern daß *du* dafür verantwortlich bist.

Laß selbstsüchtige Wünsche fallen, und bring dadurch Frieden und Freiheit in dein Herz.

Warte nicht darauf, daß die Zukunft dir Frieden bringt. Lebe diesen Augenblick in Frieden. Dehne daraufhin diese Friedlichkeit auf deinem Weg in die Zukunft täglich weiter aus.

Lebe heute *gut* und edel, und denke gütig über alle.

Vertraue mehr auf das göttliche Gesetz als auf menschliche Gesetze.

Lebe nach dem Geist – nicht nur nach dem Wortlaut – von Gottes Gesetz.

Bete täglich für den Frieden in der Welt – nicht bloß, damit Zwist und Uneinigkeit ein Ende finden, sondern damit die göttliche Liebe auf Erden aufgeht.

Meditation

Meditation ist die notwendige Ergänzung des Gebets. Beten heißt mit Gott reden. Meditieren heißt auf seine Antwort warten. Ohne diese beiden ist ein Gespräch mit Gott unmöglich.

Meditieren heißt Gott in *deine* Realität einbeziehen.

Meditieren ist nur in der vollkommenen Stille möglich. Wie kann Gott ein sinnvolles Gespräch mit dir führen, wenn du ihn ständig unterbrichst?

Stille in der Meditation ist kein geistiges Vakuum, sondern eine gespannte Aufmerksamkeit.

Meditieren sollte ausdehnen und nicht einengen. Beginne deine Meditation mit einem Gebet zum Segen des ganzen Planeten.

Aufmerksamkeit beim Meditieren heißt sowohl Aufmerksamkeit des Herzens als auch die des Kopfes. Wenn sie nur mental ist, wird sie entweder unersättlich oder zu abstrakt. Wenn sie nur die Gefühle betrifft, wird sie emotional und daher ruhelos. Lenke das Gefühl des Herzens aufwärts zum Sitz des Intellekts zwischen den Augenbrauen.

Einengung offenbart ein Egobewußtsein. Der Mittelpunkt des Ego ist die Medulla oblongata an der Schädelbasis. Richte deine Aufmerksamkeit dorthin, bis du dieses menschliche Bewußtseinszentrum erspürt hast. Nimm dann deine Aufmerksamkeit zurück, und richte sie konzentriert vorne zwischen die Augenbrauen.

Wenn die aufwärtsfließende Energie in der Medulla oblongata stockt, stärkt sie das Ego. Laß die Energie in der Medulla los, damit sie noch offener und weiter hinausfließen kann.

Denke beim Meditieren nicht: »Wie kann Gott meinen Wünschen dienen?«, sondern lieber: »Wie kann ich mich ihm noch vollkommener hingeben?«

Gott ist sowohl ein persönlicher als auch ein unpersönlicher Gott. In seiner Beziehung zu dir ist er sehr persönlich, aber seine unendliche Wirklichkeit ist unpersönlich. Strebe daher in deiner Beziehung zu ihm nach einer stets sich erweiternden Unpersönlichkeit. Liebe ihn um seinetwillen, nicht um deinetwillen. Er, der dich gemacht hat, hat auch die Sterne und die Galaxien gemacht, die sich in den mächtigen Gezeiten des unendlichen Raumes umeinander drehen.

Laß davon ab, an äußeren Dingen zu hängen. Sag dir, daß du innerlich frei bist.

Setze dich mit gerader Wirbelsäule aufrecht hin. Fühle, wie deine Kraft aus deiner Wirbelsäule und nicht aus den Muskeln kommt.

Bleibe völlig reglos. Befreie dich nach und nach von deinem Drang, dich zu bewegen.

Entspanne deinen Körper vollständig: Atme ein und spanne deinen Körper an; atme tief aus und entspanne dich. Laß jeden Rest von Anspannung wie Dampfwolken in die Atmosphäre entweichen.

Fühle den Raum in deinem Körper, wenn er sich weitet, und dehne dieses Gefühl langsam vom Körper nach außen in den unendlichen Raum aus.

Richte deinen Blick und deine Aufmerksamkeit zwischen deine Augenbrauen, auf den Sitz der Ekstase im Körper.

Bete in tiefem Glauben, nicht wie ein Fremder im Himmel, sondern wie jemand, dessen wahres, ewiges Zuhause der Himmel ist.

Singe zu Gott, ob laut oder leise, um die Hingabe deines Herzens zu wecken.

Liebe Gott in einer Form, die dir besonders lieb ist. Bete: »Gott, mein Vater, meine Mutter, mein liebster Freund, ich bin auf ewig dein und dein allein!«

Biete Liebesgaben aus deinem Herzen der Stelle zwischen den Augenbrauen an, wie Flammen, die in einem läuternden Feuer aufwärtssteigen.

Verweile bei Gedanken an die großen Heiligen der Vergangenheit und Gegenwart, die Gott erkannt haben. Stimme dein Bewußtsein auf ihres ein.

Strahle Segen aus deinem Herzen in die ganze Welt aus.

Schiebe alle Pläne und Projekte entschieden beiseite, und konzentriere dich auf den Augenblick. Die Welt wird immer noch dasein, wenn du mit dem Meditieren fertig bist.

Tritt augenblicklich in die innere Stille ein. Verschwende keine kostbare Zeit mit umherschweifenden Gedanken.

Laß alle umherschweifenden Gedanken in deinem Geist wie kleine Ballons in den Himmel der Ewigkeit aufsteigen, bis sie in der blauen Ferne verschwinden.

Befreie dich von den Begrenzungen des Körpers und des Egos. Identifiziere dich mit der Ewigkeit.

Visualisiere Gott in einem seiner ewigen Aspekte: als unendliches Licht, als kosmischen Ton, als ewigen Frieden, als ewige Liebe oder Freude, und versuche, dich in diesem Aspekt mit Gott zu verbinden.

Sage dir, daß du zufrieden bist. Erwarte nicht, daß Gott die ganze Arbeit übernimmt, dich aus der Dunkelheit in das unendliche Licht und die unendliche Freude zu tragen.

Verweile beim Gedanken an die Liebe Gottes zu dir. Löse jeden Zweifel, den du noch hegst, in einem Feuerwerk der Hingabe auf.

Übe dich in gesammelter Konzentration. Vertiefe dich in den Frieden in dir.

Bereite dich noch mehr auf die göttliche Gnade vor im Vollbewußtsein, daß nur die Macht Gottes deine Seele befreit.

Gib dich Gott vollständig hin, und halte nichts zurück.

Stell dir deinen Atem als Energiefluß in deiner Wirbelsäule vor, der mit dem Einatmen hinauf- und mit dem Ausatmen hinunterfließt, bis er zu einem mächtigen Strom wird.

Stell dir vor, wie die Energie in deiner Wirbelsäule freudig zur Stelle zwischen deinen Augenbrauen strebt.

Höre aufmerksam auf alle Geräusche in deinem inneren Ohr, und versenke dich in sie.

Stell dir vor, wie du im Herzen der Ewigkeit sitzt. Laß von dieser Mitte aus Strahlen göttlicher Liebe in das ganze Universum ausgehen.

Übe beständig, denn je mehr du meditierst, desto mehr wirst du meditieren wollen; je weniger du hingegen meditierst, desto weniger attraktiv wird dir die Meditation erscheinen.

Sag dir in einer Affirmation, daß du bereits die höchsten Wahrheiten bist, *nach denen du strebst: innerer Frieden, göttliche Liebe und vollkommene Freude.*

Bringe dein inneres und äußeres Leben in Einklang. Biete jedes Problem dem Frieden in dir zur Lösung an. Laß den Frieden deine äußeren Aktivitäten durchdringen.

Konzentriere dich positiv: Meditiere nie so lange, daß du müde wirst oder anfängst, dich zu langweilen.

Sieh Gott als den alleinigen Macher an. Suche seine Führung in allem, was du tust.